TODO EL PUEBLO DE DIOS

TODO EL PUEBLO DE DIOS

Catequesis eficaz en una Iglesia diversa

DONNA TOLIVER GRIMES

EL LÍDER CATEQUÉTICO EFICAZ

Editor de la serie: Joe Paprocki, D.Min.

LOYOLA PRESS.
UN MINISTERIO JESUITA
Chicago

LOYOLA PRESS.
UN MINISTERIO JESUITA

3441 N. Ashland Avenue
Chicago, Illinois 60657
(800) 621-1008
www.loyolapress.com

Diseño de la portada: iStock.com/lushik.

ISBN: 978-0-8294-4679-1
Número de Control de Biblioteca del Congreso USA: 2018946824

Impreso en los Estados Unidos de América.
18 19 20 21 22 23 24 25 26 27 Versa 10 9 8 7 6 5 4 3 2 1

Índice

Bienvenido a la serie El líder catequético eficaz

La serie **El líder catequético eficaz** ofrece habilidades, estrategias y enfoques que asegurarán el éxito para líderes de programas parroquiales de formación en la fe. Beneficia a aquellos que trabajan con catequistas, entre ellos directores de educación religiosa, párrocos, directores diocesanos y participantes en programas de formación catequética. Mediante una combinación de teoría y práctica, esta serie:

- brinda instrucciones concretas y recursos para imprimir;
- define la función del líder catequético y ofrece estrategias específicas y prácticas para el liderazgo, la colaboración y la delegación de responsabilidades;
- ofrece enfoques para el liderazgo y la catequesis en una manera más evangelizadora;
- describe las mejores prácticas para reclutar, capacitar y formar catequistas; para desarrollar una visión para la formación en la fe; para crear un consejo de asesores; para planificar y programar eventos; para establecer contactos con otros colegas; para seleccionar recursos catequéticos de calidad y para manejar los aspectos administrativos del ministerio; y
- ofrece consejos sobre cómo catequizar eficazmente teniendo en cuenta la diversidad de nuestras parroquias —un aspecto ineludible de la realidad de la Iglesia en este país—, de manera

que podamos servir respondiendo a las necesidades particulares de quienes forman la comunidad de fe.

Ya sea que te inicies como líder catequético o hayas estado sirviendo como tal por muchos años, la serie **El líder catequético eficaz** te ayudará a utilizar cada área de este ministerio para proclamar el Evangelio e invitar a las personas al discipulado.

Acerca de este libro

Los discípulos de Cristo son de diferentes edades y culturas, y aportan una multitud de dones, necesidades, oportunidades y retos. Por ello, la catequesis nunca debe plantearse como algo estático ni preestablecido. Si bien el mensaje del Evangelio es eterno, la manera en que compartimos ese mensaje debe adaptarse a la cambiante realidad de cada tiempo, o corremos el riesgo de ser ineficaces. Este sexto volumen de la serie **El líder catequético eficaz** examina los diferentes grupos de personas a los que la catequesis va dirigida: diversos grupos étnicos, personas con necesidades especiales, adultos, padres, familias, jóvenes y niños. Este libro ofrece estrategias y sugerencias para despertar el interés de todos e involucrarlos de una manera más eficaz en una formación en la fe vivificante y centrada en el Evangelio.

1

Los derechos y deberes en la catequesis

Bienvenidos a la comunidad

Es una escena alegre y común. La familia se reúne alrededor de la fuente bautismal para el Bautismo de su hijo. Padres de familia, abuelos y padrinos irradian orgullo. El niño está inquieto y molesto. Todo se ve perfectamente normal. Sin embargo, durante la ceremonia, todos los elementos comunes como el agua, el óleo, un cirio y la vestimenta blanca, se vuelven sagrados. Las palabras santas de la bendición se pronuncian en el nombre del Padre y del Hijo y del Espíritu Santo, y la comunidad entra en el misterio de la iniciación con el candidato.

En la celebración del Bautismo, las funciones principales —las del sacerdote o los padrinos— son bastante claras. Pero el papel de los presentes en la congregación puede que no esté tan claro. Es posible que a muchas personas de la comunidad, que están siendo testigos de este feliz acontecimiento, les ronde una pregunta en la cabeza: "Y ahora, ¿quién es responsable de enseñar y formar a este nuevo discípulo?".

¿Cómo forman discípulos los discípulos?

En realidad, la Iglesia entera tiene el deber y la responsabilidad de formar discípulos. Jesús se lo encargó a sus discípulos después de su Resurrección: "Vayan y *hagan discípulos* entre todos los pueblos, *bautícenlos* consagrándolos al Padre y al Hijo y al Espíritu Santo, y *enséñenles* a cumplir todo lo que yo les he mandado" (Mateo 28:19–20, énfasis añadido).

En virtud del Bautismo, todos los discípulos de Jesucristo (es decir, los cristianos) reciben esta obligación de formar más discípulos, bautizándolos y enseñándoles todo lo que nos encomendó el Salvador. Entonces, nosotros, como discípulos, ¿cómo formamos más discípulos? La manera más directa y deliberada consiste en invitar a nuestros familiares —cónyuges e hijos— a convertirse en discípulos de Cristo. Así, a menudo de manera indirecta, nuestro testimonio cristiano influye en la vida de quienes nos rodean: amigos, vecinos, socios y otras personas de nuestra comunidad y lugar de trabajo, que se sienten atraídos a Cristo a raíz de nuestro ejemplo. ¡Pero el discipulado toma tiempo!

En su libro *Will There Be Faith? A New Vision for Educating and Growing Disciples* [¿Habrá fe? Una nueva visión para educar y formar discípulos] (HarperCollins, 2011), Thomas Groome pone énfasis en el hecho de que las personas que buscan conocer a Dios son corresponsables en este camino espiritual. Tienen la capacidad o la habilidad de responder, de aceptar la invitación de Dios a acercarse más a él. Groome sintetiza el nuevo entendimiento de la función del laicado expresada en los documentos del Concilio Vaticano Segundo: "Las declaraciones del Concilio son un claro llamado a un nuevo nivel de corresponsabilidad para nuestra fe y para la Iglesia. En lugar de estar divididos en proveedores y dependientes, maestros y estudiantes, el Bautismo une y llama a todos a un crecimiento vitalicio en la santidad de la vida [. . .] al llevar la misión y el ministerio de Jesús al mundo" (78). Sería bueno que los líderes catequéticos les recuerden a los padres y padrinos que "el bautismo es un acto de fe, no de magia. Los cristianos no se convierten a [. . .] la santidad de la vida y la corresponsabilidad en la misión de la Iglesia solo por ser bautizados" (78) [versión del traductor (v.d.t)]. Como dije, ¡el discipulado no sucede así de repente!

Transmitir la fe

Los cristianos aceptan llevar el testigo de la fe tal como los corredores lo hacen en una carrera de relevos de 4 x 400 metros: se lo pasan de uno a otro. A veces, por no sujetarlo con firmeza, dejan caer el testigo de la fe en algún lugar de la pista. Cuando eso sucede, algunos corredores se detienen a recogerlo; otros continúan corriendo la etapa de la carrera que les toca, enfocados en la meta, sin darse cuenta aún de que no tienen nada que pasarle al siguiente corredor. También están quienes tratarán de pasarle el testigo al próximo corredor sin asegurarse de que el compañero lo sujete con firmeza. Por suerte, algunos corredores de carreras de relevos agarran el testigo y corren hacia adelante, y solo lo sueltan cuando el siguiente corredor sujeta con firmeza el testigo de la fe.

Los cristianos generalmente comprenden el mandato de Jesús de bautizar. Además, muchos cristianos se involucran en la enseñanza de la fe a sus hijos y nietos. Todo esfuerzo por formar nuevos discípulos más allá del círculo familiar suele ser más informal, y sucede casi por casualidad cuando con el tiempo, amigos, vecinos, compañeros de trabajo y socios se percatan de la fe y las buenas obras. A menudo, estos mismos cristianos que se encargan de la formación espiritual de su propia familia no comprenden exactamente el mandato de Jesús de *hacer discípulos de todos*.

Proporcionarles una formación en la fe a nuestros hijos no es solo algo bueno que podemos hacer por ellos; es su derecho canónico recibir enseñanza catequética eficaz. Se nos dice en el *Código de derecho canónico* que la Iglesia tiene "un deber propio y grave [. . .] [de] cuidar la catequesis del pueblo cristiano" (#773). Esta responsabilidad fluye desde el obispo como catequista principal en la diócesis, hasta el párroco y los líderes catequéticos. Estos maestros de la fe pueden ser asistidos por familias, escuelas católicas, asociaciones religiosas, oficinas diocesanas y diversos ministerios de la parroquia, entre otros. Dios actúa simultáneamente en el corazón de los individuos y dentro del corazón de la comunidad, asegurando que aquellos que responden a la invitación de seguir a Jesús puedan tener total acceso a su visión salvadora.

El alcance de la visión de Jesús

¿Cómo habrá sido acompañar a Jesús en su vida cotidiana y ver lo que él vio? Pensemos en esto y de verdad tratemos de imaginarlo. Cuando Jesús iba al Templo o veía a sus amigos o realizaba sus obras, ¿con quién se encontraba en el camino? Sin duda había mujeres y niñas llevando grandes cántaros de agua y recolectando alimentos para la comida familiar. Veía a jornaleros y mercaderes, así como a campesinos guiando viejos bueyes, cabras y ovejas.

Mientras caminaba por los lugares públicos de los pueblos aledaños, Jesús tal vez observaba a padres y abuelos participando activamente en los quehaceres diarios, rodeados de niños persiguiéndose alegremente, y también veía a pobres mendigos por el camino, buscando comida y ánimo. Seguramente se encontraba con adultos sin hijos, avergonzados en una sociedad donde la descendencia era señal del favor de Dios. El Maestro se encontraba con individuos que tenían heridas que supuraban, extremidades lastimadas y defectos de nacimiento. Compartía los caminos con ricos y pobres, orgullosos y humildes, fuertes y débiles. Jesús debe de haber saludado a las muchas personas que se encontraba, entre ellas muchas con visión limitada y sin dientes. Estaban los bellos y privilegiados, y estaban aquellos que vestían el único manto que poseían.

Las Sagradas Escrituras indican que Jesús observaba el mundo natural de las plantas y los animales, además del de la humanidad. Cada día, nuestro Señor, totalmente humano y totalmente divino, se enfrentaba a una variedad de olores, tanto agradables como repugnantes. Seguramente oyó fuertes disputas y fue testigo de abusos de poder. Jesús absorbió un sinnúmero de experiencias humanas, que le presentó a su Padre en oración. El Padre respondía con la sabiduría y el entendimiento evidentes en las enseñanzas y los milagros de Jesús.

A medida que la voz acerca de la compasión de Jesús se corría como fuego por toda la región, sus actos de generosidad y respeto atraían a todos, y sus explicaciones conmovedoras eran más de las que podían recopilarse plenamente en los registros orales y escritos de su vida y su ministerio en la tierra. Muchos se sentían atraídos por sus obras poderosas y su enseñanza plena de autoridad. Ansiaban oírlo, tocar el borde de su manto, pararse en su sombra, poder ver al joven rabino de Nazaret. Hay una canción contemporánea de góspel que expresa ese deseo de aquellos que oían hablar de Jesús: "*While you're blessing others, do not pass me by*" [Mientras bendices a los demás, no te olvides de mí] [v.d.t].

Asimismo, cuando Jesús hablaba a las multitudes, imagínate cómo era su público. Lee Mateo 5:1–12. Cierra los ojos por unos minutos. Visualiza a Jesús, rodeado por la multitud que escucha lo que hoy conocemos como el Sermón de la Montaña. ¿Ves a mujeres allí, además de hombres? ¿Hay adolescentes y ancianos entre la multitud? Cuando miras con atención, ¿puedes ver a padres haciendo señas a los jóvenes para que presten atención, o convenciendo a los más pequeños para que se duerman tranquilos mientras la madre escucha su emocionante mensaje? ¿No es probable que algunos hicieran un gran esfuerzo físico para oír las palabras de Jesús? ¿Y que otros disfrutaran de su presencia tranquilizadora aunque les resultara difícil entender su mensaje? ¿Cómo se las arreglaban para sentarse cómodamente entre la multitud, sobre superficies duras, entre palos y piedras?

Jesús enseñaba a todo el que se acercaba y le hablaba de maneras que pudieran comprender y con las que sentirse identificados. Observaba las multitudes frente a él y también a quienes se encontraban a su alrededor. Hasta llegó a ver a quienes lo espiaban desde las ramas de un árbol, como lo hacía Zaqueo. La visión de Jesús era clara y abarcadora.

Una lente panorámica

Cuando tienes en cuenta a las personas que están a tu cargo y que necesitan ser catequizadas, ¿abarca tu mirada todo el horizonte de la comunidad ante ti o se limita a lo que tienes delante? Cuando se trata de liderazgo catequético eficaz, es necesario tener una visión amplia, como la tuvo Jesús. Son demasiadas las parroquias que tienen preferencia por la catequesis para niños en edad escolar, catequesis que está especialmente orientada hacia la preparación de los sacramentos. A menudo, el éxito se mide por el número de comuniones, confirmaciones y catecúmenos que atraviesan la puerta de nuestra iglesia cada año. Pero este enfoque desequilibrado no nos conviene cuando consume más recursos catequéticos de los debidos —en personal, materiales, tiempo, presupuesto y entusiasmo— y lleva a que ignoremos o descuidemos las necesidades de formación en la fe de otros grupos en la parroquia.

Observa con atención la parroquia o comunidad de la fe a la cual sirves como líder catequético. Escucha con espíritu de oración lo que te revela el Espíritu Santo acerca de las necesidades de formación de esta parroquia o comunidad de fe. Ten en cuenta todo el espectro de feligreses. Cada uno de ellos tiene derecho a una enseñanza catequética eficaz, y la Iglesia tiene el deber de suministrársela. Esto explica por qué tienes el puesto de líder catequético. Todo el espectro de feligreses incluye no solo a quienes con entusiasmo asisten a misa cada domingo y participan en ella, sino también a quienes asisten a misa esporádicamente y a quienes se sientan pasivamente en los bancos. Reza por las necesidades de formación de quienes se ven distraídos o indiferentes.

Incluye en tus reflexiones y peticiones de oración a aquellos que ya están activamente comprometidos con la liturgia y la participación.

Una manera de ver la situación con nuevos ojos y una lente panorámica consiste en asistir a cada una de las misas de fin de semana más de una vez durante el año. Dedica el tiempo necesario para observar con detenimiento a la congregación y charlar con algunas de las personas que asisten a misas a las que normalmente no vas. Si sueles asistir a la primera misa del domingo, proponte ir a la última y a las misas de vigilia de los sábados. Del mismo modo, si la misa en la parroquia, diócesis o campus se celebra en otros idiomas o estilos litúrgicos de los que acostumbras, ve a esas también. Así como la experiencia de un conductor que utiliza el transporte público para variar, descubrirás otros segmentos de la comunidad y desarrollarás nuevas perspectivas y enfoques para el ministerio catequético.

Evaluar la visión catequética: fusión de derechos y deberes

Como se señaló anteriormente, cada individuo bautizado tiene el derecho a una enseñanza catequética eficaz, y la Iglesia tiene el deber y la obligación de proveerle esa formación de la fe. El *Catecismo de la Iglesia católica* ofrece algunas ideas sobre los deberes de las personas a quienes se catequiza. Todo comienza en la fuente: "El deseo de Dios está inscrito en el corazón del hombre, porque el hombre ha sido creado por Dios y para Dios; y Dios no cesa de atraer al hombre hacia sí, y solo en Dios encontrará el hombre la verdad y la dicha que no cesa de buscar" (*CIC*, #27).

La enseñanza católica reconoce además que "la fe es un don de Dios, una virtud sobrenatural infundida por Él. Para dar esta respuesta de la fe es necesaria la gracia de Dios, que se adelanta y nos ayuda, junto con los auxilios interiores del Espíritu Santo, que mueve el corazón, lo dirige a Dios, abre los ojos del espíritu y concede 'a todos gusto en aceptar y creer la verdad'" (*CIC*, #153). Quienes han recibido al Espíritu Santo en el Bautismo, también reciben la gracia y la libre voluntad para buscar el conocimiento de Dios.

Además, dentro de las posibilidades de cada uno, los discípulos de Cristo tienen la responsabilidad de toda la vida de formar una conciencia moral, de seguir el ejemplo de Cristo y de elegir el bien por encima del mal. Como señala el *Directorio Nacional para la Catequesis*: "Si bien la conciencia moral refleja la ley de Dios escrita en el corazón del hombre, necesita ser formada e informada. Se deben iluminar los juicios a los que arriba" (*DNC*, #42C). Asimismo, el catequizado "ha de tener la posibilidad de manifestarse activa, consciente y corresponsablemente y no como simple receptor silencioso y pasivo" (*DGC*, #167).

Así, la tarea catequética es realmente una colaboración entre quienes desean conocer a Dios y quienes los dirigen hacia Aquel a quien buscan. Lo ideal sería que ambos fueran formados, informados y transformados. Uno puede ser catequista y el otro, aprendiz, pero ambos están enseñando y aprendiendo juntos. Como lo indica el *Catecismo*: "[Esta] búsqueda *exige del hombre todo el esfuerzo* de su inteligencia, la rectitud de su voluntad, 'un corazón recto', *y también el testimonio de otros que le enseñen* a buscar a Dios" (*CIC* #30, énfasis añadido).

El papel de la evangelización

La nueva evangelización está dirigida no solo a quienes conocen a Dios, sino también a quienes nunca conocieron a Dios, y a quienes alguna vez lo conocieron. Esta nueva enseñanza de la evangelización habla de reavivar el fuego de la fe que alguna vez ardió en los corazones pero que puede haberse atenuado. Evangelizar, en la tradición católica, no consiste en tocar a la puerta de los vecinos ni en dejar folletos en cafés y terminales de autobús. Más bien, es algo en lo que somos llamados a participar. Lo hacemos en comunidad, obedeciendo las inspiraciones del Espíritu Santo, y cumpliendo con la misión de los discípulos de Cristo de hacer "discípulos entre todos los pueblos".

Por lo tanto, la catequesis eficaz es la formación continua a lo largo de la vida de un discípulo, de todos los discípulos. No hay una píldora ni una fórmula que hará que el proceso suceda rápida y fácilmente. Necesitamos la guía constante de Dios. Necesitamos la mano de Dios en el corazón y la mente durante los altibajos del desarrollo espiritual, durante todos los tiempos de un encuentro continuo y duradero con nuestro Creador. La capacidad de atención de los humanos puede ser breve. Nos concentramos y nos desconcentramos. Sin embargo, aun cuando la presencia de Dios no esté en el primer plano de nuestra conciencia, Dios aún está con nosotros. Necesitamos desesperadamente el Espíritu de Dios, aunque no nos demos cuenta. La formación continua en la fe para todo el Pueblo de Dios asegura que la presencia salvadora de Dios no será subestimada ni olvidada.

¿Formación en la fe para *todos*?

La idea de catequizar a *todo* el Pueblo de Dios puede ser abrumadora. Dadas las limitaciones humanas y de recursos, hay mucho que conocer, enseñar y aprender en el tiempo asignado para la educación religiosa. Las diócesis establecen lineamientos y exigen evaluaciones. A menudo, nuestras estructuras y procesos de formación religiosa tienden a reflejar el modelo escolar, con períodos de entre nueve a diez meses, clases divididas por edades, tareas semanales, evaluaciones periódicas y normas de desempeño. Dadas todas estas complejidades, ¿cómo es posible que un líder catequético pueda enfocarse en otros grupos para la formación en la fe? ¿Cuáles son las expectativas razonables para los líderes catequéticos? ¿Dónde enfocamos la atención y cómo medimos el éxito?

Comienza por entender que el objeto de la enseñanza catequética no es simplemente la transmisión de la doctrina de la Iglesia, las oraciones católicas, la Biblia o los sacramentos. El corazón y el alma de la catequesis son una persona: Jesucristo. Como lo describe el *Directorio Nacional para la Catequesis*:

> "El objeto de la catequesis es la comunión con Jesucristo. La catequesis lleva a las personas a ingresar en el misterio de Cristo, a encontrarlo, y a descubrirse a sí mismas y a descubrir el significado de sus vidas en Él. . . Cristo es el centro vivo de la catequesis, el que atrae a todas las personas hacia su Padre a través del Espíritu Santo. . . El fin definitivo de la catequesis es 'poner a uno no sólo en contacto sino en comunión, en intimidad con Jesucristo: sólo Él puede conducirnos al amor del Padre en el Espíritu y hacernos partícipes de la vida de la Santísima Trinidad' (*DNC*, #19B)."

Confieso que desconocía esto cuando era una joven catequista. Tampoco me manejaba con una visión tan clara como directora de educación religiosa de una parroquia. Más bien, me parecía más a la hermana Marta, a quien Jesús dice "te preocupas y te inquietas por muchas cosas" (Lucas 10:41). Ahora sé que nuestra perspectiva puede regularse. Dios puede ajustar nuestras actitudes si nos abrimos a su escrutinio. El Papa Francisco expresó muy bien lo que significa para nosotros ser discípulos misioneros:

> "Una pastoral en clave misionera no se obsesiona por la transmisión desarticulada de una multitud de doctrinas que se intenta imponer a fuerza de insistencia. . . [El] anuncio se concentra en lo esencial, que es lo más bello, lo más grande, lo más atractivo y al mismo tiempo lo más necesario. La propuesta se simplifica, sin perder por ello profundidad y verdad, y así se vuelve más contundente y radiante. (*Evangelii Gaudium, La alegría del Evangelio*, #35)"

Hemos comenzado este libro sobre el discipulado de todo el Pueblo de Dios identificando sus derechos y deberes en la catequesis. Ahora trataremos las necesidades catequéticas de los diferentes grupos y los enfoques eficaces para alcanzarlos.

Resumen: buscar el tesoro

El reino de los cielos se parece a un tesoro escondido en un campo: lo descubre un hombre, lo vuelve a esconder y, lleno de alegría, vende todas sus posesiones para comprar aquel campo. El reino de los cielos se parece a un comerciante de perlas finas: al descubrir una de gran valor, va, vende todas sus posesiones y la compra. (Mt 13:44–46)

A todas las edades y en todos los rincones del mundo, uno busca el tesoro que Dios ha plantado en el fondo del corazón del ser humano. Como líder catequético, tu función consiste en ayudar a que las personas descubran este verdadero tesoro escondido en lo profundo del corazón humano. Esto no solo requiere conocimiento, habilidades y una actitud positiva, sino también una visión para la catequesis que incluya a todos: personas de todas las edades, etnias, niveles económicos y habilidades. Cuando comiences a concentrarte en las personas a quienes catequizar en tu contexto pastoral, hazte las siguientes preguntas:

- ¿Las ves?
- ¿Oyes lo que dicen y no dicen?
- ¿Las conoces?
- ¿Tienes esperanza en ellas?
- ¿Recibes y aprendes de ellas?
- ¿Rezas por ellas y con ellas?
- ¿Las respetas?
- ¿Ves a Jesucristo en ellas?
- ¿Las reconoces como hermanos y hermanas?
- ¿Las amas?

Para reflexionar y conversar

- ¿Son los esfuerzos y recursos catequéticos de tu parroquia/comunidad de fe distribuidos de manera equitativa entre los fieles?
- ¿Para qué grupo(s) demográfico(s) se desarrolla mejor programa catequético (por ej., niños, RICA, jóvenes adultos, adultos mayores)? ¿A quién no se le sirve como corresponde?
- ¿Qué necesitas hacer para lograr un alcance mayor de los distintos grupos de la parroquia cuando se trata de formarlos en la fe?

Madurar como líder catequético

El líder catequético eficaz

CONFERENCIA NACIONAL LIDERAZGO CATEQUÉTICO LOYOLAPRESS.

¿Quién "no salió" en la foto?

Con frecuencia, cuando tomamos una fotografía, notamos que alguien, inadvertidamente, no salió en la foto. Cuando se trata de la formación de la fe en nuestras comunidades parroquiales, a algunas personas, demasiado a menudo, se las deja afuera.

Si alguien tomara una fotografía del (los) programa(s) de formación de la fe de tu parroquia, ¿qué personas o grupos crees que podrían quedar "fuera de la foto" por una razón u otra?

Persona(s)/Grupo(s) "fuera de la foto"	Razones	¿Qué se puede hacer para remediarlo?

Todo el pueblo de Dios: catequesis eficaz en una Iglesia diversa — Capítulo 1

En los Estados Unidos, las personas tienen ciertos derechos y deberes. Piensa en esos derechos que consideras muy importantes, y por los cuales lucharías, e identifícalos. Ahora piensa en el hecho de que todos los bautizados de tu parroquia tienen derecho a una enseñanza catequética de gran calidad. Imagina que un nuevo gobierno restringiera o hasta negara ese derecho. ¿Cómo cambiaría esa realidad el modo en el que abordarías la formación en la fe para las personas de tu parroquia?

Visita www.loyolapress.com/lce para acceder a la hoja de ejercicios.

Acción sugerida

Cuando tomamos fotografías, puede que algunas personas queden fuera de la foto sin que nos demos cuenta. Si fueras a sacar una fotografía de las personas que forman parte de los esfuerzos de formación en la fe en tu parroquia, ¿quién crees que "quedaría fuera"? En los próximos días, haz una lista de estos grupos y comienza a rezar pidiendo la gracia necesaria para responder a sus necesidades de formación en la fe.

Recursos adicionales

En español

Código de Derecho Canónico. Roma: Librería Editrice Vaticana, 1983.

Directorio General para la Catequesis. Washington, DC: Conferencia de Obispos Católicos de los Estados Unidos, 1998.

Directorio Nacional para la Catequesis. Washington, DC: Conferencia de Obispos Católicos de los Estados Unidos, 2005.

Huebsch, Bill: *La catequesis de toda la comunidad. Hacia una comunidad con todos, por todos y para todos*. Santander: Sal Terrae, 2006.

En inglés

Will There Be Faith? A New Vision for Educating and Growing Disciples [¿Habrá fe? Una nueva visión para educar y formar discípulos]. Thomas H. Groome (Nueva York, NY: HarperCollins, 2011).

2

Adiós, burbuja católica: diversidad, movilidad y varios "ismos" en la cultura de hoy

Todos los católicos en un solo grupo

Desde la fundación de los Estados Unidos, la cultura religiosa de este país siempre ha sido claramente protestante. El prejuicio que soportaban los católicos mientras el país se convertía en una unión de estados requería que los católicos se agruparan para sobrevivir. La retórica anticatólica era dolorosa, pero fortalecía a los fieles católicos como el fuego pone a prueba el oro. La elección de John Fitzgerald Kennedy como el primer presidente católico en 1960 fue tan trascendental como la elección de Barack Hussein Obama, el primer presidente afroamericano, casi medio siglo después, en 2008. La elección de la primera mujer presidente en los Estados Unidos algún día también sacudirá nuestro mundo.

Hoy puede que sea difícil imaginarse una época en la que los católicos se agrupaban simplemente para satisfacer las necesidades más básicas de sus familias: alimento, vivienda y trabajo. Históricamente, la exclusión de las instituciones dominantes del país requería que esta minoría religiosa recurriera a su fe y al poder de su grupo como modo de vida. Por necesidad, surgió una fuerte identidad católica.

Al igual que con otros inmigrantes europeos y denominaciones cristianas, se promovieron (entre católicos) vínculos de amistad y compañerismo por medio de distintas sociedades de fraternidad, gremios y clubes, como describe Sherry Weddell en su libro *Formación de discípulos intencionales*. Naturalmente, también se crearon matrimonios y alianzas comerciales. Dentro de este ambiente familiar se concedían favores, se hacían recomendaciones y presentaciones, y se conformaron redes de apoyo social.

Al principio, los católicos respondían a carteles que decían: "No se contratan irlandeses", y a otras formas más sutiles de discriminación laboral, como la contratación de personas de su misma fe por parte de los empleadores. Con la creación de gremios laborales obtuvieron poder económico. Crearon patrullas de bomberos y de policías voluntarios que se convirtieron en departamentos de bomberos y policías municipales, lo que proporcionó empleos estables y respetables que se pasaron a través de generaciones. Como otras minorías étnicas, los católicos se ocupaban de sus enfermos, huérfanos y ancianos. Hacían colectas del dinero que ganaban con esfuerzo para asegurarse de que sus seres queridos recibieran una digna sepultura al final de su vida.

Así, los católicos establecieron escuelas, hospitales, agencias de servicio social, sociedades de beneficencia y otras redes de servicios. Los inmigrantes católicos de Europa trajeron o mandaron llamar a sus clérigos y órdenes religiosas para ayudarlos a mantener la fe en esta nueva tierra. Estas instituciones contribuyeron de muchas maneras a la transmisión de la fe católica. Un crucifijo en la pared de cada habitación de hospital, los hábitos que vestían quienes trabajaban en agencias de servicio católicas y la presencia visible de organizaciones de fraternidades católicas en eventos públicos, todo esto era señal de una creciente e influyente presencia católica. Motivados por su fe, los individuos y las organizaciones católicas contribuyeron generosa y significativamente a la prosperidad de esta nación.

El fruto de esta actividad misionera incluye a las instituciones católicas que difunden la compasión, el apoyo y la marca católica mucho más allá del círculo católico. Si tuvieras que mencionar las instituciones importantes en tu zona, sin duda estaría entre ellas un hospital, una universidad o escuela, una agencia de servicio social o una asociación sin fines de lucro católica. Otra manera de reflexionar sobre esto es imaginar lo diferente que sería este país si todos los católicos practicantes desaparecieran.

Al mismo tiempo que la estrella católica se hacía más brillante institucionalmente, el estatus social de los católicos elevaba al grupo económicamente. De acuerdo con el *Pew Research* (2014 *U.S. Religious Landscape Study*) [Estudio del Panorama Religioso de los EE. UU. de 2014], aproximadamente uno de cada cinco católicos está en la categoría superior de ingresos, que es igual a la del país en su totalidad, lo que significa que los católicos, en general, se han "establecido" económicamente. La expresión católica del cristianismo es hoy el grupo religioso más grande en los Estados Unidos. En todos los niveles académicos, una educación católica lleva la marca de alta calidad. Un gran segmento de directores de empresas, líderes corporativos y profesionales en los Estados Unidos son (o eran) católicos. Al momento de escribir este libro, los católicos ocupan la mayoría de los puestos de la Suprema Corte de los EE. UU. y conforman un tercio de los miembros del Congreso.

La unidad de la fe, conservas de muchos sabores

A medida que las olas de inmigrantes llegaban de distintas partes de Europa a comienzos del siglo XIX, los católicos se organizaban por idioma y país de origen. No sorprende, entonces, que un modelo de parroquia nacional echara raíces y floreciera aquí hasta bien entrado el siglo XX. En grandes centros urbanos, particularmente en el este y el medio-oeste —Boston, Nueva York, Filadelfia, Pittsburgh, Milwaukee, Cincinnati, San Luis y Chicago, por ejemplo— las parroquias irlandesas, alemanas, italianas, lituanas y polacas se ubicaban a corta distancia una de otra. Cada una profesaba el mismo credo y los ritos litúrgicos permanecían intactos. Antes del Concilio Vaticano Segundo, los servicios en latín unían a los católicos en todas partes. Mientras tanto, ciertos días de fiesta, y las oraciones y los rituales relacionados que se practicaban en ciertas comunidades transmitieron la huella de la cultura junto con los artículos de fe.

En el mundo católico, hasta mitad del siglo XX, todos seguían bastante unidos como Iglesia universal. Hacer la Señal de la Cruz en silencio era un grito de: "¡Aquí hay un católico!". A los católicos nos enseñaron que la nuestra era la "única fe verdadera". Algunos tal vez recuerden cuando, antes del Concilio Vaticano Segundo, a los católicos se les prohibía entrar en otras iglesias. Se desalentaban, aunque se permitían, los matrimonios mixtos. Casarse en la Iglesia católica —unirse en el sacramento del Matrimonio— significaba que el cónyuge no católico había certificado por escrito que los hijos que tuvieran serían educados como católicos. Las fuerzas dentro de la Iglesia, la familia, el barrio y la sociedad en su conjunto sostenían lo que podemos llamar la "burbuja católica": un contexto homogéneo y aislado en el que la fe católica podía impregnar la médula de los individuos sin la interferencia de factores externos. Era como si los individuos fueran marinados en catolicismo. Como resultado, todo lo que se necesitaba en el área de formación en la fe era la comprensión de conceptos doctrinales, que eran transmitidos por medio del formato de preguntas y respuestas del *Catecismo de Baltimore*.

Como consecuencia de las leyes de segregación y las prácticas de separación racial en el país que afectaron a todas las regiones, surgió otro fenómeno de parroquias étnicas, no solo al Sur. Como resultado, los afroamericanos, asiáticoamericanos, indígenas norteamericanos, hispanos/latinos y otros nuevos grupos de inmigrantes formaron sus propios enclaves católicos.

Algunas comunidades étnicas recibieron apoyo pastoral de órdenes religiosas designadas que ejercían una vocación misionera. Los sacerdotes josefinos (*Mill Hill Fathers*), los espiritanos (*Holy Ghost Fathers* [Sacerdotes de la Congregación del Espíritu Santo]) y las hermanas del Santísimo Sacramento son tres ejemplos de comunidades religiosas misioneras dedicadas al ministerio para los católicos afroamericanos. De manera similar, los claretianos y los dominicos (por nombrar algunos) han estado a la vanguardia del ministerio en la comunidad latina, mientras que los pasionistas y redentoristas están entre varias comunidades religiosas que se han destacado en el ministerio en comunidades asiáticas.

Sin embargo, otros grupos recibieron escasa atención pastoral, o ninguna. En algunos casos, estaban encantados con tener acceso a un sacerdote u otro ministro pastoral que hablara su idioma nativo: criollo haitiano, butanés o lakota. Aun así, insistían con la práctica de la fe. Estos católicos, que se establecieron aquí provenientes de otras tierras, además de Europa, o estaban presentes cuando otros llegaron, practicaron la fe, en lo posible, a través de la lente de sus propias culturas. Honraban a ciertos santos, contextualizaban los espacios sagrados con su propia música, costumbres, gestos y estética. Esencialmente, traducían la Buena Nueva a su lengua materna.

Aunque puede que no siempre seamos conscientes de su influencia, la cultura juega un papel decisivo en nuestra vida y en nuestra fe católica hoy. Al igual que normalmente no pensamos en cada vez que respiramos, ni en el modo en que el aire fluye a través de nuestro cuerpo y hace posibles nuestras acciones y pensamientos, así también la cultura es el silencioso y poderoso compañero en el sistema de navegación de nuestra vida. La cultura es vital para entendernos a nosotros mismos y encontrarle sentido al mundo.

El movimiento hacia parroquias compartidas

El modelo nacional/étnico de parroquia logró un cierto éxito mientras los grupos permanecieron separados, pero este orden se ha vuelto insostenible, dados los cambios demográficos y sociales actuales en la sociedad estadounidense. Uno de esos cambios es la mayor movilidad que acompañó a los avances en infraestructura y tecnología. La creación del sistema de autopistas interestatales en los años 50, seguida por un mayor acceso a los viajes en auto, ferrocarril y avión, por razones laborales o personales, fue lo que realmente hizo que los estadounidenses viajaran a lugares más lejanos y con mayor frecuencia. Además de los viajes breves, el servicio militar, la educación y las oportunidades laborales aumentaron las opciones de pasar períodos más largos lejos de casa y hasta de mudarse.

En el período entre el fin de la Primera Guerra Mundial y fines de los años 60, hubo una mayor migración de afroamericanos del Sur hacia el Norte y el Oeste. Una generación más tarde, los veteranos de la Segunda Guerra Mundial usaron sus beneficios como miembros de las fuerzas armadas para comprar casas en nuevas comunidades que surgían más allá de los límites de la ciudad. Si volvemos al presente, la tendencia hacia una mayor movilidad ha influenciado las decisiones de a dónde y con qué frecuencia asistir a la iglesia.

Los cambios demográficos, una mayor movilidad, la disminución en la asistencia a misa y las fluctuaciones económicas son algunos de los factores críticos que han causado que los obispos tomaran la difícil decisión de fusionar y cerrar parroquias en los últimos años, particularmente en áreas urbanas y en los suburbios cercanos, sobre todo en el Noreste y Medio Oeste. Aun cuando las parroquias parecen estar con soporte vital, las fusiones y los cierres son emocionalmente dolorosos para los párrocos y los feligreses. Tal vez recuerdes noticias sobre feligreses acampando fuera de su iglesia para protestar estos cierres. Menos publicitadas son las campañas desesperadas para crear un cambio de curso. Sin duda, la parroquia recientemente constituida enfrentará desafíos culturales. Las duras lecciones han revelado enfoques para mitigar el daño. La Conferencia de Obispos Católicos de los Estados Unidos (USCCB, por sus siglas en inglés) incluye en su página web (www.usccb.org) una excelente colección de videos que ilustran la diversidad cultural de la Iglesia actual en los Estados Unidos.

Como muchos otros grupos religiosos, la Iglesia católica muestra una tendencia hacia las parroquias multiculturales o compartidas. En este momento, el 38 por ciento de las parroquias católicas celebran misa en al menos otro idioma, además de inglés. Y el número va en aumento, sobre todo en el Sur y el Oeste, donde la Iglesia está creciendo. Durante la transición, los párrocos, líderes parroquiales y feligreses tienen el desafío de modificar rápidamente su perspectiva de comunidad.

Las parroquias multiculturales atraen a un amplio grupo de católicos, pero, lamentablemente, no a todos. Las parroquias compartidas suelen atraer a los católicos más jóvenes, familias con niños pequeños e individuos que han viajado mucho por cuestiones de estudio, trabajo o placer. Cada vez más, los factores determinantes en la selección de una parroquia no son geográficos, sino que tienen que ver con las homilías, el estilo musical, el sentido de comunidad y los horarios de misa. La mayoría de las veces, los fieles ya no van a la iglesia caminando con familiares y amigos. En cambio, van en auto a la parroquia que eligen, y al menos una quinta parte de ellos pasa por otras iglesias católicas en el camino. Una reconfiguración de parroquias afecta, naturalmente, el sistema y diseño local de los programas parroquiales de formación religiosa.

Abrir cerrojos

Imagina la catequesis como un ministerio que abre las puertas a la multitud que espera entrar al cielo. El párroco te da un juego de llaves.

¿Cuál es la que corresponde a las familias de fieles que permanecen y que han estado en la parroquia durante generaciones? ¿Es la misma llave que hará que la señora García se comprometa a traer a sus hijos a recibir educación religiosa regularmente cada semana? ¿Sabías que los está criando sola tras su divorcio hace un año? Como papá ya no está en casa, ¿traerá a los hijos a las clases de educación religiosa o los llevará a desayunar y al parque durante sus fines de semana de visita?

No existe una familia estadounidense típica en la actualidad.

Las familias actuales están formadas por menos madres y padres casados que crían a sus hijos biológicos o adoptivos. Lo que nuestra cultura hoy reconoce como "familia" puede incluir padres solteros, abuelos que cuidan a sus nietos, parejas del mismo sexo que crían hijos, adultos que conviven, con o sin hijos, familias ensambladas tras la muerte de un cónyuge o un divorcio, y aun otras formas de estructuras familiares.

Aunque hubo una época en la que los católicos se casaban solo con católicos, ese ya no es el caso hoy. Como resultado, los católicos pueden compartir el hogar con cristianos de otras denominaciones, no cristianos, agnósticos y hasta ateos. Según un estudio del *Center for Applied Research in the Apostolate* (CARA) [Centro para la Investigación Aplicada en el Apostolado], menos de uno de cada tres católicos estadounidenses considera "muy importante" casarse con otro católico (CARA, 2007). Para el líder catequético actual, las realidades del ecumenismo y del diálogo interreligioso ya no son asuntos periféricos, sino de extrema importancia.

El impacto del individualismo y el materialismo en el alma humana

La cultura estadounidense moderna presenta desafíos específicos para la catequesis y para acoger con entusiasmo los valores del Evangelio. Por ejemplo, valoramos la libertad en un sentido que le da prioridad a las necesidades y los deseos del individuo por encima de la comunidad. Valoramos el pragmatismo: "Esta orientación práctica hace que la cultura de los Estados Unidos esté abierta a una amplia variedad de nuevas ideas y posibilidades, pero susceptible a la influencia de propósitos utilitarios" (*DNC* #10.D).

Estamos viviendo en un lugar y una época en los que mucho de lo que usamos a diario es desechable. Hay demasiados materiales que empaquetar, vestimenta de temporada e innovadores utensilios de cocina que debemos tener. Tenemos los armarios, garajes y depósitos llenos de objetos que usamos solo ocasionalmente. ¿Cuántas gorras de béisbol y bolsas de *souvenir* tienes? La costosa tecnología que necesitamos para trabajar "más inteligentemente" es superada por objetos más nuevos y resplandecientes en menos de dos años. Aunque algunas fuerzas se están oponiendo al consumismo extremo, se trata, en verdad, de una batalla de David contra Goliat.

El Papa Francisco ha enfatizado repetidas veces las peligrosas ramificaciones espirituales de comprar tantas cosas. Uno de esos riesgos es el de tratar a *las personas* como algo desechable. Esto sucede a nivel interpersonal. Es una consecuencia de un estilo de vida acomodado e industrializado en los Estados Unidos. Vemos manifestaciones de esto en los millones de hijos e hijas de Dios encarcelados, que cumplen largas condenas bajo condiciones extremas, y muchos por delitos no violentos o en espera de un juicio. Están encerrados, ocultos y olvidados. Mientras nos apresuramos hacia nuestros importantes destinos, nos encontramos con que pasamos por encima o cerca de personas vulnerables en la calle. Clases enteras de personas son virtualmente consideradas prescindibles, menos que humanas. Pero la Buena Nueva está pensada de igual modo para los privilegiados y los no privilegiados. Nuestra Iglesia nos insta, como lo hizo Jesús, a encontrarnos con el otro con amor, a ser piadosos y a brindar a los demás lo que Dios tan generosamente nos ha dado.

Nuestra estructura social contemporánea erige enormes barreras para la formación espiritual: específicamente, los soportes mediáticos y tecnológicos en los que hoy confiamos. Son útiles hasta cierto punto, pero pueden restringir el flujo del intercambio de amor con Dios y el prójimo. Para quienes no saben lo suficiente, las débiles promesas que hacen los medios de un placer inconmensurable, de merecidos elogios, de salud y belleza eternas y de seguridad duradera, son más atractivas que la invitación del Evangelio a la vida virtuosa. Es fundamental que nosotros, como líderes catequéticos, nos demos cuenta de que esta es una lucha de vida o muerte espiritual.

El Papa Francisco detalla el desafío de esta manera:

> "[L]as dinámicas de los medios del mundo digital que, cuando se convierten en omnipresentes, no favorecen el desarrollo de una capacidad de vivir sabiamente, de pensar en profundidad, de amar con generosidad. . . Al mismo tiempo, tienden a reemplazarse las relaciones reales con los demás, con todos los desafíos que implican, por un tipo de comunicación mediada por internet. Esto permite seleccionar o eliminar las relaciones según nuestro arbitrio, y así suele generarse un nuevo tipo de emociones artificiales, que tienen que ver más con dispositivos y pantallas que con las personas y la naturaleza. Los medios actuales permiten que nos comuniquemos y que compartamos conocimientos y afectos. Sin embargo, a veces también nos impiden tomar contacto directo con la angustia, con el temblor, con la alegría del otro y con la complejidad de su experiencia personal. (*Laudato Si'*, #47)"

Estos pensamientos del Papa Francisco nos obligan a nosotros, como líderes catequéticos, a enfrentar algunos temas muy importantes: en un mundo impulsado por los medios y tecnológicamente magnificado, debemos usar esas herramientas para abrir canales de auténtica comunicación con Dios y con el prójimo, y debemos aprovechar los medios y la tecnología para iluminar el contenido de la formación religiosa. Sin embargo, no existe un reemplazo para ayudar a las personas a quienes catequizamos a apreciar el mundo natural como un canal de comunicación con Dios. A veces, todos necesitamos desenchufarnos, abrir una ventana y disfrutar el mundo maravilloso que Dios nos concedió. En otro comentario, el Papa Francisco aborda el modo en el que una relación con el mundo natural nos ayuda a crecer espiritualmente:

> "Cuando insistimos en decir que el ser humano es imagen de Dios, eso no debería llevarnos a olvidar que cada criatura tiene una función y ninguna es superflua. Todo el universo material es un lenguaje del amor de Dios, de su desmesurado cariño hacia nosotros. El suelo, el agua, las montañas, todo es caricia de Dios. La historia de la propia amistad con Dios siempre se desarrolla en un espacio geográfico que se convierte en un signo personalísimo, y cada uno de nosotros guarda en la memoria lugares cuyo recuerdo le hace mucho bien. Quien ha crecido entre los montes, o quien de niño se sentaba junto al arroyo a beber, o quien jugaba en una plaza de su barrio, cuando vuelve a esos lugares, se siente llamado a recuperar su propia identidad. (*Laudato Si'*, #84)"

Aceptar nuevas realidades

Es cada vez más evidente para nosotros que el modelo tradicional de educación religiosa se ha vuelto obsoleto y que ya no es tan eficaz como lo fue alguna vez. Tradicionalmente, los programas de educación religiosa se construían siguiendo un modelo escolar. Los catequistas (maestros) se basaban principalmente en libros de texto, y los estudiantes se sentaban en pupitres por una hora cada semana durante el curso de un año académico (de septiembre a mayo). Se tomaban vacaciones en el verano y se matriculaban en el próximo grado en el otoño. Los estándares diocesanos establecían niveles de desempeño y exigían exámenes. Para muchos niños, asistir a otra experiencia académica era lo último que querían hacer.

Los programas de formación para adultos seguían un modelo similar, pese a la cantidad de estudios sobre los estilos de aprendizaje de los adultos y los métodos de enseñanza eficaces. Entonces, ¿qué es lo que de verdad motiva a los adultos a invertir en su continua formación espiritual? ¿Es la expectativa de sentarse en un aula durante dos horas una noche a la semana?

Como líderes catequéticos, somos llamados a mirar más allá de una pedagogía basada exclusivamente en impartir e ingerir conocimientos doctrinales como medio de nutrición espiritual. El modelo tradicional catequético presuponía que el hecho de impartir conocimientos llevaría a mejores comportamientos, es decir, asistir regularmente a misa, cumplir con los sacramentos, etcétera. Desde entonces, nos hemos dado cuenta de que el creer viene después de una activa participación en la vida de la comunidad y de períodos de consulta, respaldados por información sobre la fe.

Los objetivos de la formación en la fe, de acuerdo con Sherry Weddell, autora de *Formación de discípulos intencionales*, son la transformación y el cambio de vida. Weddell explica que "[c]onocer en términos bíblicos significa que realmente experimentamos algo en nuestro corazón y también en nuestra mente. . . [E]s conocimiento que lleva al amor, mientras que el amor, a su vez, nos hace querer amar más" [v.d.t]. Reconocer la divinidad en las personas a quienes nos esforzamos por catequizar es un primer paso para encontrarnos con ellos en el lugar donde están. Nos ayudará a elegir la llave que Dios nos está dando para abrir su corazón a la nueva vida en Cristo. Los líderes catequéticos eficaces evaden el ruido del mundo con este mensaje importante: "Jesucristo es el rostro humano de Dios y el rostro divino del hombre" (*DNC*, #21A).

Con los lazos familiares debilitados, una mayor movilidad y las intensas exigencias del trabajo, del estudio y de la vida cotidiana, las personas ansían una comunidad. La Iglesia ofrece esa posibilidad, porque la vida comunitaria está en el corazón de nuestra identidad católica. La nueva realidad que enfrentamos será un desafío para nosotros, como líderes catequéticos, para aceptar nuevas ideas con humildad, compromiso, paciencia y un enfoque claro.

Resumen: diversos dones, un mismo espíritu

"Existen diversos dones espirituales, pero un mismo Espíritu; existen ministerios diversos, pero un mismo Señor; existen actividades diversas, pero un mismo Dios que ejecuta todo en todos". A cada uno se le da una manifestación del Espíritu para el bien común. . . Pero todo lo realiza el mismo y único Espíritu repartiendo a cada uno como quiere.
(1 Cor 12:4–7, 11)

En una época ya pasada, muchos católicos vivían en comunidades católicas aisladas donde todos los aspectos de la vida parecían estar relacionados con la fe católica, y la parroquia local era el centro de la vida de estas personas. Esta realidad puede considerarse una "burbuja católica". Como resultado de esta naturaleza aislada, las personas se formaban en la fe católica con la familia y la comunidad y solo necesitaban recibir "enseñanza" sobre el catecismo para completar su formación.

En la actualidad, esta "burbuja" ya no existe, pues los católicos se encuentran viviendo en una cultura que se caracteriza por la diversidad, la movilidad, el pluralismo, el multiculturalismo, el laicismo, el relativismo y el materialismo. Todos estos factores han cambiado radicalmente la manera de vivir y formarse, y tienen consecuencias sobre el modo en que los esfuerzos catequéticos de la Iglesia deben continuar para enfrentar estos desafíos, cada vez mayores. Como líder catequético, eres llamado a reconocer no solo la complejidad y diversidad de la comunidad a la que sirves, sino también el poder unificador del Espíritu Santo, que dirige esos dones para que sean puestos al servicio del Pueblo de Dios.

Para reflexionar y conversar

- ¿Cuál fue la herencia de los miembros fundadores de tu parroquia o de una parroquia a la que perteneciste en el pasado? ¿Qué santo especial de esa herencia fue honrado en esa parroquia?
- Dado el hecho de que los católicos ya no tienden a vivir en "burbujas católicas", sino que ahora viven en una sociedad pluralista y secular, ¿qué consecuencias ves en tu ministerio catequético?
- ¿Qué nuevos enfoques para la formación en la fe crees que se necesitan para combatir las diversas fuerzas que actúan en contra de una vida espiritual de discipulado?

Madurar como líder catequético

El líder catequético eficaz

CONFERENCIA NACIONAL LIDERAZGO CATEQUÉTICO
LOYOLAPRESS.

Despertar en el futuro

Imagina que encuentras a un líder catequético que se quedó dormido hace décadas y ha despertado hoy. Ha tomado una siesta de años y ha despertado en un mundo que no reconoce. ¿Qué cambios significativos del mundo, de la sociedad, la Iglesia y la catequesis le harías notar? ¿Cuál sería la mayor diferencia en el enfoque del catequista recién llegado al presente con respecto a la formación de la fe actual, en comparación con los años 60 y 70?

Lugar	Cambios significativos	Implicaciones para la formación de la fe
El mundo		
La sociedad		
La Iglesia		
La catequesis		

Todo el pueblo de Dios: catequesis eficaz en una Iglesia diversa — Capítulo 2

Como hemos visto, nueva evangelización es sinónimo de misión; exige la capacidad de partir de cero, de trascender confines, de ampliar horizontes. La nueva evangelización es lo contrario a la autosuficiencia y al repliegue sobre sí mismo, a la mentalidad del *status quo* y a una concepción pastoral que quiere continuar haciendo las cosas como siempre han sido hechas. Hoy el "*business as usual*" [seguir como siempre] ya no es válido. Como algunas Iglesias locales se empeñan en afirmar, es el momento de que la Iglesia llame a las propias comunidades cristianas a una conversión pastoral, en sentido misionero, de sus acciones y de sus estructuras. (Sínodo de los

Obispos XIII, Asamblea General Ordinaria, *La nueva evangelización para la transmisión de la fe cristiana*, *Lineamenta*, #10).

Uno de los errores que los líderes catequéticos luchan por evitar es la mentalidad de seguir como si nada sucediera. ¿Qué aspectos de tu ministerio crees que necesitan reformarse y renovarse?

Visita www.loyolapress.com/lce para acceder a la hoja de ejercicios.

Acción sugerida

En la historia en la que Jesús cura a un hombre con una mano paralizada (Marcos 3:1–6 y Mateo 12:9–14), Jesús demuestra que la compasión está en el centro de la ley y que la respuesta pastoral está guiada por el interés en el otro, no en sí mismo. Como líderes catequéticos, estamos obligados a preguntarnos si el propio interés y el orgullo es lo que nos motiva y nos conduce en nuestro ministerio. Esta difícil pregunta merece una respuesta honesta, como también la merecen los fieles a quienes servimos. Es fácil sentirse frustrado cuando se tiene un programa catequético que no atrae al número de participantes que esperamos que atraiga. Pero, ¿podemos decir con seguridad que nuestro llamado alcanza a las personas donde están actualmente?

Dedica tiempo a reflexionar acerca de tu ministerio. Pide la gracia de ser impulsado por la compasión y el interés por los demás, y la gracia para evitar la tentación de encontrar motivación en el interés propio.

Recursos adicionales

En español

Directorio Nacional para la Catequesis. Washington, DC: Conferencia de Obispos Católicos de los Estados Unidos, 2005.

Real Navarro, José: *Educar en la interculturalidad*. Madrid: CCS Editorial, 2006.

En inglés

America's Changing Religious Landscape [El cambiante paisaje religioso de los Estados Unidos]. (Washington, DC: Pew Research Center, Mayo 12, 2015).

The Changing Face of the Church: Shaping Catholic Parishes [El rostro cambiante de la Iglesia: Moldear las parroquias católicas]. David A. Ramey y Marti R. Jewell, D.Min. (Chicago, IL: Loyola Press, 2010).

The Changing Face of U.S. Catholic Parishes [El rostro cambiante de las parroquias estadounidenses]. Mark M. Gray, Mary L. Gautier, y Melissa A. Cidade (Washington, DC: National Association for Lay Ministry [Asociación Nacional del Ministerio Laico], 2011).

3

La Palabra se hizo carne: catequesis e inculturación

La cultura es el aire que respiramos

Jesús fue la encarnación de Dios, la Palabra hecha carne: completamente divino y completamente humano. Pero, como todos los niños alrededor del mundo desde el comienzo de los tiempos, Jesús aprendió y se identificó con su cultura por medio de la interacción cotidiana con su familia y comunidad. Debemos recordar que lo primero que Jesús dijo no fue: "¿No sabían que yo debo estar en los asuntos de mi Padre?" (Lucas 2:49). Más bien, desde su primera infancia, Jesús creció física e intelectualmente y aprendió el idioma, las costumbres y los tabúes de su pueblo. Absorbió sus valores, preferencias y códigos morales. Mientras comía, trabajaba con José en el oficio de la carpintería y estudiaba con otros niños de su edad, Jesús obedecía la ley judía, celebraba las fiestas religiosas y participaba en el culto. En consecuencia, pasó por la experiencia de la amistad, el dolor, el hambre, la fatiga y el desencanto, como el resto de la humanidad.

Sabemos, por pasajes del Evangelio, que Jesús bromeaba con otros, como cuando llamó a los hijos de Zebedeo, Santiago y Juan, los "hijos del trueno" (Marcos 3:17), algo que tal vez a la gente de esa época le resultaba cómico. Por ser un narrador dotado, Jesús debe de haber disfrutado de escuchar buenas historias. También es evidente que Jesús estudiaba la Torá con devoción y que observaba a la gente y la vida a su alrededor con atención. Sus parábolas y analogías, su uso de la exageración y los giros sorpresivos, todos tocaban una fibra sensible en las experiencias cotidianas de su público. Jesús se conectaba profundamente con el pueblo por medio de la cultura compartida.

La cultura es como un iceberg

El término *cultura* puede definirse de varias maneras. A las personas de una cultura prevalente (o mayoritaria) se les puede dificultar la identificación de características de su propia cultura y pueden no entender la influencia activa de la cultura en su vida. Por otro lado, las personas que viven en una cultura prevalente que es diferente de la suya tienden a ser más conscientes de las características de su propia cultura y de la cultura prevalente. Las diferencias reconocibles en las costumbres, el comportamiento y el idioma (más profundo que el habla) requieren serias habilidades de navegación. ¡A veces, la habilidad de moverse con facilidad entre culturas puede ser hasta una cuestión de supervivencia!

Mientras navegas en el océano del ministerio multicultural como líder catequético, la imagen de un iceberg puede ser una metáfora útil. Como un iceberg, solo una pequeña porción de la cultura se manifiesta en la superficie del agua. Es decir, las dimensiones que percibimos con nuestros sentidos —características físicas, vestimenta, postura, sonidos, aromas— son pistas fáciles para identificar la cultura. Relacionamos con la cultura las variaciones en la música, en las comidas, en los gestos con las manos, en el idioma, en la distancia entre las personas en contextos informales, y en otras características observables.

Pero, como sucede con un iceberg, la mayor parte de los indicadores culturales quedan escondidos en lo profundo, por debajo de la superficie. Estos elementos no están dormidos; solo pasan inadvertidos. A la vista, muchos marcadores culturales son casi imperceptibles. Mientras que la manifestación de actitudes, valores, buenas costumbres y creencias religiosas pueden verse, es posible que no sean interpretados o entendidos adecuadamente. Esta realidad oculta de la cultura, activa por debajo de la superficie del agua y eclipsada por nuestros propios prejuicios culturales, puede ocasionar tropiezos accidentales con los demás.

¿Cuál es el papel de la cultura en la formación en la fe?

Para empezar, es importante destacar que Jesús, humano en todos los aspectos salvo en el pecado, navegaba por el mundo a través de la lente de una cultura: la cultura judía del Medio Oriente en los tiempos de la ocupación romana. La Iglesia enseña que la experiencia de Jesús reflejaba la voluntad y el plan de Dios para toda la humanidad y para toda la formación en la fe.

> "Dado que las personas pueden alcanzar su humanidad plena sólo por medio de la cultura, la Iglesia católica en los Estados Unidos acepta e incorpora el rico pluralismo cultural de todos los fieles, estimula la identidad cultural distintiva de cada grupo cultural y exhorta al enriquecimiento mutuo. Al mismo tiempo, la Iglesia católica promueve una unidad de fe dentro de la diversidad multicultural de la población. (*DNC*, #11C)"

Además, a los líderes catequéticos —y a todos los discípulos de Cristo— se les exige que hagan más que evangelizar a individuos. Somos llamados a participar en la evangelización de la cultura, también conocida como *inculturación* (un término teológico). El *Directorio Nacional para la Catequesis* clarifica lo que esto significa: "El Evangelio está destinado a todos los pueblos y naciones, halla su hogar en todas las culturas. . . [La evangelización actual] exige tanto la inculturación del Evangelio como la transformación de la cultura por el Evangelio. . . También se dirige a todas las culturas humanas, en cuanto éstas puedan estar abiertas al Evangelio y vivir en armonía con los valores cristianos"

(*DNC*, #17A). Aquí podríamos subrayar la noción de que *todas las culturas* necesitan ser transformadas por el Evangelio. La idea de una jerarquía de culturas no es apoyada por la enseñanza católica.

El trabajo conjunto, en medio de la pluralidad de culturas en los Estados Unidos, presenta desafíos persistentes dentro de la sociedad y dentro de la Iglesia. Esta pluralidad multicultural, independientemente de la variedad de elecciones de estilo de vida, el espectro de creencias religiosas aun dentro del ámbito católico y la creciente polarización de opiniones políticas y preferencias personales, complica aún más nuestra habilidad para formar una comunidad unida y sana.

¿Qué se necesita para entrar por las puertas cerradas?

La Iglesia confía en que los líderes catequéticos capacitados transmitirán los principios de la fe sin prejuicios culturales. Esto implica la habilidad de repetir la Palabra de Dios de manera clara y auténtica, y desde un núcleo de amor y respeto por las personas catequizadas: "Aquellos que proclaman el mensaje cristiano deben conocer y amar la cultura y al pueblo al que llevan el mensaje, para que dicho mensaje pueda transformar la cultura y al pueblo, y renovarlos en Cristo" (*DNC*, #17A). Sin embargo, los filtros culturales tienden a estar profundamente arraigados y ser difíciles de reconocer, sobre todo dentro de nosotros mismos.

Históricamente, muchos católicos estadounidenses de ascendencia no europea solían tener una doble identidad, en una lucha por equilibrar la expresión cultural de su fe contra una corriente de escepticismo sobre su autenticidad religiosa. Esta dinámica persiste hoy en muchos ambientes. Un buen ejemplo fue la visita a los Estados Unidos del Papa Benedicto XVI en abril de 2008. Algunos medios de prensa católicos calificaron la celebración multicultural de la Eucaristía, que utilizaba estilos musicales y gestos sagrados pero no tradicionales, como entretenimiento y como algo inferior a un ritual católico verdadero. Si bien es posible que esta fuera tan solo la improvisada opinión de unos pocos periodistas y comentaristas, la realidad es que expresó el sentimiento silencioso de muchos otros observadores.

En el pasado, algunas expresiones de la liturgia o la religiosidad popular de las culturas se consideraban como algo sin mucho fundamento. Hoy día, afortunadamente, se ha entrado más profundamente en el sentido teológico de tales expresiones y ha surgido una nueva apreciación. Por momentos, el debate sobre qué es cultural y litúrgicamente sensato para el culto católico puede tornarse acalorado y emotivo. Como líder catequético, tienes la oportunidad de cambiar el filtro a través del cual abordamos y percibimos la oración, el culto y la formación en la fe de manera multicultural.

Los aprendices de discípulos necesitan líderes catequéticos que desempeñen bien su ministerio en ambientes culturalmente diversos

En 2015, el *Center for Applied Research in the Apostolate* [Centro para la Investigación Aplicada en el Apostolado] (CARA) realizó un estudio de la Conferencia de Obispos Católicos de los Estados Unidos sobre el estado actual del Ministerio Eclesiástico Laico (LEM, por sus siglas en inglés). El estudio encontró que hay más de 39,600 ministros eclesiales laicos (LEM) en los Estados Unidos. La mayoría se desempeña en áreas de educación/formación religiosa, liturgia, ministerio musical o administración general de la parroquia. El 80 por ciento de los ministros eclesiales laicos son mujeres y la edad promedio es de 55 años. La buena noticia es que nueve de cada diez, o el 89 por ciento, consideran su trabajo como una vocación, no como un empleo. "Es un llamado de Dios", dicen.

El estudio, además, reveló que el 88 por ciento de los ministros eclesiales laicos son blancos, el 9 por ciento son hispanos/latinos; menos del 2 por ciento son afroamericanos, africanos, asiáticos o polinesios; y menos del 1 por ciento son indígenas norteamericanos o alaskeños (0.2 por ciento). En otro estudio de CARA, encargado en 2014 por la Secretaría de Diversidad Cultural en la Iglesia de la Conferencia de Obispos Católicos de los Estados Unidos, se publicó que la población católica de los Estados Unidos es 58 por ciento blanca, 34 por ciento hispana/latina, 3 por ciento negra, 3 por ciento asiática, 1 por ciento indígena norteamericana y de alasqueño y 1 por ciento polinesia o hawaiana.

Aunque la diversidad en la Iglesia va en aumento, el estudio de CARA sobre ministros eclesiales laicos concluyó que solo el 17 por ciento de los ministros cree estar preparado para trabajar en un ambiente multicultural. Por lo tanto, mientras los datos demográficos indican que una mayor diversidad en el liderazgo podría ayudar a avanzar la misión de la Iglesia, no cabe duda que un mayor desempeño intercultural de los ministros eclesiales laicos sería también beneficioso.

Más allá de los números, una mayor diversidad y mejores habilidades en el ministerio pastoral que trasciendan los límites culturales ayudarán a que la Iglesia en los Estados Unidos elimine algunos de los obstáculos en la evangelización de aquellos para quienes la cultura prevalente representa una identidad adquirida. Reunirse regularmente con personas de diferentes etnias, religiones e ideologías puede promover la madurez espiritual. Esto puede darse tan solo con elegir sentarse en un banco diferente de la iglesia, con personas que no conocemos, o acompañando a amigos a eventos en una parroquia diferente. Puede que sea necesario expandir el horizonte asistiendo a actividades culturales en la comunidad.

La inculturación es aplicable aun en ambientes que actualmente tienen poca diversidad. Como lo explica el *Directorio Nacional para la Catequesis:* "Cada cultura necesita ser transformada por los valores evangélicos porque el Evangelio siempre exige una conversión de actitudes y prácticas en todo lugar donde se predique. A menudo las culturas deben purificarse y restaurarse en Cristo" (*DNC*, #21A).

Planifica *con*, no *para*, las personas

Entonces, ¿cómo podemos prepararnos, como líderes catequéticos, para desempeñar nuestro ministerio en ambientes multiculturales? Una manera de arrancar consiste en planificar e implementar, intencionalmente, una experiencia parroquial multicultural, como un servicio de oración, una misa de unidad o una celebración intercultural. Por ejemplo, el día festivo de la parroquia puede ofrecer una excelente oportunidad para celebrar o promover la unidad en la diversidad dentro de la parroquia. Antes de comenzar la planificación, es crucial invitar a representantes de todos los grupos presentes en tu comunidad. Un liturgista capacitado y con experiencia en ambientes pastorales multiculturales puede brindar una buena orientación para utilizar oraciones inclusivas, rituales culturales apropiados, etc. A continuación se incluyen algunos ejemplos de fechas y santos que podrían brindar un contexto para eventos y celebraciones multiculturales.

Enero Día de Año Nuevo Día Internacional de la Paz Semana Nacional de la Migración Natalicio del Reverendo Dr. Martin Luther King, Jr. Año Nuevo Chino (enero o febrero)	**Agosto** Nuestra Señora de Czestochowa
Febrero Día de San Valentín Mes de la Herencia Afroamericana Mardi Gras (Carnaval) San Pablo Miki y compañeros Santa Josefina Bakhita	**Septiembre/Octubre** Mes Nacional de la Herencia Hispana; Mártires Coreanos Día de los Pueblos Indígenas

Marzo/Abril San Patricio La Mesa de San José La Pascua	**Noviembre** Día de Todos los Santos Día de los Muertos San Martín de Porres Fiesta de Cristo Rey Día de Acción de Gracias
Mayo/Junio Pentecostés Juneteenth (conmemoración del fin de la esclavitud en los EE. UU.)	**Diciembre** Nuestra Señora de Guadalupe Las Posadas San Juan Diego Simbang Gabi Navidad Kwanzaa
Julio San Junípero Serra Santa Catalina Tekakwitha	Otros: Fiesta del santo patrono de la parroquia o reunión anual de la parroquia

Cuando preparamos eventos especiales, debemos esforzarnos por ser auténticos.

> "La evangelización pierde mucho de su fuerza y de su eficacia, si no toma en consideración al pueblo concreto al que se dirige, si no utiliza su 'lengua', sus signos y símbolos, si no responde a las preguntas que hacen, y si no produce un impacto en su vida concreta. Pero, por otra parte, la evangelización corre el riesgo de perder su alma y desvanecerse, si se vacía o desvirtúa su contenido, bajo pretexto de traducirlo" (*EN* (*Evangelii Nuntiandi*), #63).

Las iniciativas multiculturales eficaces siempre dependen de una atenta planificación. Cuando nos adentramos en aguas multiculturales es importante evitar el formulismo. Por ejemplo, piensa más allá de la comida y la música étnica; busca presentadores y temas diversos que tengan un atractivo general. El ambiente del salón, el método de presentación, los recursos elegidos y hasta la selección de vendedores y expositores, todo esto comunica un compromiso por alcanzar una audiencia diversa. Además, siempre ten en cuenta la finalidad. ¿Es el objetivo la oración, la liturgia, una experiencia formativa o alguna otra cosa? Es esencial concentrarse en el propósito del evento.

Entender la experiencia católica a través de expresiones culturales diversas: panorama

A continuación se presentan breves esbozos de grupos étnicos clave que conforman solo una porción de la diversa Iglesia católica actual.

- **Europeo.** Desde su llegada a comienzos del siglo XVI a lo que hoy es la Florida, los inmigrantes, principalmente de Europa, han sustentado el catolicismo hasta convertirlo en la mayor denominación cristiana de los Estados Unidos. En el siglo XIX, los inmigrantes católicos de Irlanda, Alemania, Italia y varios países del este europeo construyeron una compleja infraestructura de parroquias, escuelas, hospitales, universidades y orfanatos para nutrir y sostener la forma de vida católica. También trajeron con ellos diversas devociones y prácticas étnicas, así como la veneración de santos nacionales y, por supuesto, a la Santísima Virgen María.

  El catolicismo en los Estados Unidos se convirtió en sinónimo del Día de San Patricio, la Mesa de San José, el Mes de María, las procesiones de Corpus Christi, las clases de la Confraternidad de la Doctrina Cristiana (CCD, por sus siglas en inglés) y el *Catecismo de Baltimore*.

  Por ser la cultura prevalente por casi dos siglos, el estilo europeo-católico de oración, música y arte ha sido tomado como estándar, como el criterio convencional en el catolicismo de los Estados Unidos. Sin embargo, no es monolítico ni estático. Como se trató en el capítulo 2, las distinciones culturales basadas en el país de origen eran evidentes ya que los primeros inmigrantes (católicos europeos-estadounidenses) tenían su propio clero y comunidades religiosas. Los estadounidenses de origen europeo suelen tener una naturaleza individualista, lo cual significa que los derechos y la identidad del individuo generalmente tienen prioridad sobre los del grupo. Con el pasar de las décadas, mientras estas distinciones culturales comenzaban a desvanecerse y los católicos europeos se asimilaban a la cultura de los Estados Unidos, el estilo de oración y alabanza europeo siguió siendo el dominante para los católicos.

Hoy, los católicos de origen europeo ya no son la mayoría en la Iglesia católica de los Estados Unidos, ya que han sido superados por nuevos inmigrantes, principalmente por católicos de origen hispano y latino. El desafío del líder catequético de hoy consiste en aceptar la obra de inculturación para asegurar que todo el Pueblo de Dios encuentre su lugar en la mesa del Señor.

- **Hispano/Latino.** La Conferencia de Obispos Católicos de los Estados Unidos nos recuerda que, "las personas con raíces en países latinoamericanos han vivido en los Estados Unidos desde sus comienzos. Sin embargo, su presencia en la escena nacional era prácticamente invisible" [v.d.t] (*Hispanic/Latino Presence in the USA and the Church* [La presencia hispana/latina en los EE. UU: y en la Iglesia], Alejandro Aguilera-Titus, MA, y Allan Figueroa Deck, SJ, PhD). De hecho, de acuerdo con una investigación de CARA:
    - Hoy hay más de 30 millones de católicos hispanos en los Estados Unidos, lo que representa casi el 40 por ciento de los católicos adultos.
    - Los hispanos/latinos conforman el 40 por ciento del crecimiento en los feligreses inscritos en parroquias católicas en los últimos años.
    - Los latinos conforman, aproximadamente, el 60 por ciento de los católicos estadounidenses menores de 30 años.

- Solo un 10 por ciento de los ministros eclesiales laicos se identifican como hispanos/latinos.
- Afortunadamente, casi el 45 por ciento de las personas actualmente inscritas en programas de formación para ministros laicos se identifican como hispanas/latinas.
- Solo un poco más de un cuarto de las parroquias de los EE. UU. sirven a comunidades católicas hispanas/latinas (más numerosas en el Sur y el Oeste y en zonas urbanas del Medio Oeste y el Noreste).

Por suerte, desde los años 70, ha tomado forma un enfoque pastoral más inclusivo para servir a los católicos hispanos/latinos en los EE. UU., liderado por *Encuentro*, un proceso para encontrar a Cristo dentro de nosotros. La iniciativa de formación de liderazgo ha permitido a los católicos hispanos explorar y articular su lugar en la Iglesia estadounidense.

Pues bien, ¿qué significa todo esto para ti como líder catequético? Significa, primero que nada, que eres llamado a tener una mayor conciencia, sensibilidad y conocimiento de la cultura hispana, lo que incluye las necesidades, las esperanzas, los sueños y los dones de esa comunidad. Tu objetivo más importante es la integración de esos dones en cada faceta de la vida de la parroquia. En tu ministerio con hispanos/latinos, necesitarás integrar los siguientes principios:

- Un espíritu de bienvenida y hospitalidad, y una voluntad de inmersión en la cultura.
- La sensibilidad hacia las normas culturales singulares de los varios y diversos pueblos hispanos/latinos (mexicanos, cubanos, centroamericanos, puertorriqueños, etcétera).
- Entendimiento y afirmación de devociones comunes y prácticas piadosas, como las bendiciones, las posadas, novenas, quinceañeras, el Día de los Muertos, altares hogareños y Las

Mañanitas en honor a Nuestra Señora de Guadalupe, por nombrar solo algunas.

- Contratación, capacitación y formación proactiva/intencional de hispanos para diversas funciones de liderazgo en el programa de formación en la fe y en la parroquia.
- Énfasis en un enfoque intergeneracional centrado en la familia (conocido como catequesis familiar) para apoyar el papel central de la familia en la cultura hispana. Las familias desean y necesitan espacios donde puedan reunirse para compartir sus historias y tradiciones.
- Un enfoque relacional con énfasis en pequeñas comunidades cristianas para la formación en la fe para adultos.
- La inclusión de opciones en español/bilingües para reuniones y comunicaciones.

La cultura latina es festiva, visual y relacional. Imagínate a familias y amigos compartiendo comida, música y risas. Refleja una espiritualidad que se ha caracterizado por estar centrada en el hogar, por ser devocional, y que se ha transmitido a través de movimientos populares. Los hispanos sienten una devoción profunda y apasionada hacia Jesús, la Santísima Virgen María y los santos. Su fe es altamente encarnacional: esto significa que experimentan a Dios de una manera íntima y afectiva y en los detalles de la vida cotidiana. Del mismo modo, los hispanos en general no están acostumbrados a la formación sistemática en la fe, sino más bien a una formación en la fe relacionada con la preparación sacramental, lo cual significa que tu programa y tú tendrán que caracterizarse por la flexibilidad (no por un enfoque de "talla única").

Un importante recurso para ayudarte en la catequesis de la comunidad hispana es la *Federation for Catechesis with Hispanics* (FCH; fchcatechesis.org) [Federación para la catequesis con hispanos]. FCH se formó en 2013 (como desprendimiento del *Forum for Catechesis with Hispanics*) [Foro para la Catequesis con Hispanos] y fue aprobada por la junta directiva de la *National Conference for Catechetical Leadership* (NCCL) [Conferencia Nacional para el Liderazgo Catequético] para convertirse en la primera federación en la NCCL. Es un grupo específico de miembros de la NCCL, de alcance nacional, que existe para aumentar y fortalecer la misión de la Conferencia y para servir mejor a las necesidades de los católicos hispanos.

Por último, cuando se trata de servir como líder en la comunidad hispana/latina, resultan de mucha ayuda los siguientes diez principios de liderazgo propuestos por Juana Bordas, bloguera, líder, escritora, maestra y presidenta de *Mestiza Leadership International* [Liderazgo Mestizo Internacional]:

1. **Buen carácter:** un líder debe ser una persona de carácter, humildad e integridad, para que pueda ser digna de confianza y lealtad.
2. **Conciencia:** un líder debe tener profundidad y valores centrales y estar motivado por un sincero deseo de servir a los demás.
3. **Llamado:** un líder debe tener un sentido de propósito y destino personal y colectivo, o "llamado".
4. **Cultura:** un líder debe tener un entendimiento de los valores compartidos, la sabiduría e historia común, el acervo y las tradiciones de las personas a quienes sirve.
5. **De colores:** un líder debe comprometerse a acercar a diversas comunidades para construir una identidad compartida; la inclusión no es opcional.
6. **Juntos:** un líder debe tener solidaridad con las personas a quienes sirve, un enfoque de unidad ("estamos juntos"), que se manifieste a través de la corresponsabilidad.

7. **¡Adelante!:** un líder debe tener una visión global con un espíritu de inmigrante que se manifieste a través de la justicia social y un deseo de contribuir a la unión sin asimilación.
8. **Sí, se puede:** un líder debe ser un constructor de coaliciones, un defensor con el corazón y el alma de un activista, y una actitud caracterizada por el optimismo esperanzador.
9. **Gozar la vida:** un líder debe ser amigable y celebrar la vida, reflejando la naturaleza alegre y festiva del pueblo hispano.
10. **Fe y esperanza:** un líder debe personificar e inspirar fe y esperanza, y reconocer que es la espiritualidad la que sostiene y mantiene toda actividad y activismo. No hay separación entre la fe y la vida cotidiana.

- **Asiáticos y nativos de la Polinesia (API, por sus siglas en inglés).** Actualmente, los API son el grupo de más rápido crecimiento en los Estados Unidos; sin embargo, es importante mencionar que el término "Asian/Pacific Islander" [Asiático/Polinesio] incluye a una enorme diversidad de etnias y países de origen: chinos, coreanos, filipinos, japoneses, indios, vietnamitas, paquistaníes, hawaianos y muchos más. Casi tres de cada cinco API nacieron en el extranjero. En la mayoría de los países API, los católicos representan una fe minoritaria; la excepción son los filipinos, que constituyen el grupo más grande de API en los EE. UU. El segundo grupo más grande está formado por vietnamitas y chinos. En un informe preparado en 2015 por la Secretaría para la Diversidad Cultural en la Iglesia de la Conferencia de Obispos Católicos de los EE. UU., uno de los encuestados comparó la realidad de los API con una colcha de parches:

  > "La colcha está hecha de diferentes parches de tela y esos diferentes parches de tela son todas las diferentes personas en la comunidad de vietnamitas, coreanos, filipinos, camboyanos,

> samoanos, chinos o cualquier comunidad API a la que quieras ponerle esa etiqueta. Entonces, dentro de la comunidad API, aunque podrías ver muchas similitudes, cada uno es un trozo de tela diferente que conforma una compleja colcha. Lo que hemos visto en conjunto y conformando cierto grado de coherencia en esa unidad, son los hilos, y esos hilos son esos sacramentales y prácticas que comparten. . . Esos son los hilos que [combinan] a todos esos integrantes de esas comunidades juntos y los [mantienen] unidos". (Tricia C. Bruce, PhD, Jerry Z. Park, PhD, y Stephen M. Cherry, PhD, *Asian and Pacific Island Catholics in the United States* [Católicos asiáticos y polinesios en los Estados Unidos], 11) [v.d.t]

Las culturas y la espiritualidad de los API tienden a ser colectivistas y tienen un alto concepto de la armonía grupal por encima de las necesidades y los deseos de los individuos, lo que a menudo contrasta completamente con el énfasis individualista de la cultura prevalente estadounidense. Uno de los encuestados en este estudio describió así esta naturaleza colectivista: "Les importa mucho más asegurarse de que todos se lleven bien, y de que las cosas vayan bien, y cosas por el estilo. Cuando hay conflicto, se callarán, en general, para mantener la paz y poder trabajar juntos" (12).

De acuerdo con esta investigación, mientras que el 83 por ciento de los encuestados hablan un idioma diferente del inglés en casa, la mayoría es bilingüe. Esto tiene como consecuencia una práctica pastoral que a menudo es bilingüe. Por ejemplo, las confesiones pueden escucharse en inglés, pero el penitente puede rezar el Acto de Contrición en su lengua nativa. Esta diversidad y flexibilidad son cruciales para comunicar a las personas que su cultura es sagrada. Asimismo, es fundamental para ti, como líder catequético, aprender el modo en que distintas comunidades API entienden los conceptos de liderazgo y conflicto para evitar fallas en la comunicación.

Al igual que otros grupos étnicos, diversos católicos API conmemoran una amplia variedad de celebraciones étnicas que honran las apariciones de María, así como también santos y ancestros regionales y nacionales. Además, distintas prácticas devocionales y la piedad popular son de gran importancia para los católicos API. Su visión del mundo a menudo se caracteriza por ser más espiritual/sobrenatural que la de otros católicos en culturas occidentales. Los API también tienden a encarnar una lealtad incondicional a la Iglesia y a sus enseñanzas oficiales y, tradicionalmente, muestran mayores niveles de asistencia a misa y de participación en ministerios que otros grupos étnicos. Finalmente, los grupos de oración también juegan un papel significativo en la vida de los API, ¡al igual que la música y la comida!

Como líder catequético, es importante saber que los católicos de origen asiático y polinesio desean transmitir fielmente no solo la fe católica a futuras generaciones, sino también tradiciones étnicas vinculadas a su expresión del catolicismo.

- **Africanos.** La presencia de católicos negros en los EE. UU. data de los asentamientos más antiguos en San Agustín (1565), Maryland (1634) y otros lugares. Actualmente, hay 3 millones de católicos de ascendencia africana en los EE. UU. Aproximadamente el 76 por ciento de ellos pertenecen a parroquias compartidas (multiculturales). Solo el 24 por ciento asiste a parroquias histórica y principalmente afroamericanas. De acuerdo con el académico Padre Bryan N. Massingale, durante demasiado tiempo, los esfuerzos por incluir la expresión cultural negra en la Iglesia de los EE. UU. fueron vistos con suspicacia, ansiedad, y hasta miedo y hostilidad: reacciones que no se dan cuando las expresiones culturales europeas se fusionan con el catolicismo. Como lo explica el Monseñor Ray East, ser un católico negro en los EE. UU. es ser "una minoría dentro de una minoría" [v.d.t] (Monseñor Ray East, entrevista sobre espiritualidad afroamericana en *U.S. Catholic*, marzo de 2014).

El término *católicos negros* incluye a los de ascendencia caribeña y a los nativos de África. Sin embargo, la mayoría de los católicos negros son de ascendencia africana, con raíces en los EE. UU. desde la diáspora africana que fue alimentada principalmente por el comercio de esclavos. Con raíces en esta historia, la espiritualidad católica negra está basada en el don de libertad en Jesucristo y se caracteriza por la gratitud por este gran don. En su artículo "*Ministry in the Black Catholic Community*" [Ministerio en la comunidad católica negra], el Reverendo Scott A. Bailey recalca la necesidad de un mayor entendimiento de la historia y cultura negras entre quienes tienen funciones de liderazgo en esta comunidad.

Las Sagradas Escrituras —historias que han nutrido y mantenido la fe y esperanza durante épocas de opresión y dolor— son centrales en la espiritualidad de la comunidad negra. Las historias de la experiencia de unión y liberación de Israel tienen un profundo efecto en la experiencia de los católicos negros de los EE. UU. Esta reverencia por la Palabra de Dios en las Sagradas Escrituras coincide con un estilo de sermón que es singular, poderosamente bíblico y fácilmente aplicable en la vida cotidiana.

Como resultado de este énfasis en la gratitud por el don de la libertad en Jesucristo, la espiritualidad de los católicos negros se caracteriza por una gran esperanza y alegría. A menudo esto se expresa y se articula en canciones, bailes, vestimentas coloridas y sermones dinámicos. De acuerdo con Monseñor East, los católicos negros insisten en una religión que puedan "sentir" (Monseñor Ray East, entrevista sobre espiritualidad católica afroamericana). Él describe la espiritualidad negra católica como acogedora, unitiva, holística, contemplativa y espiritual, con una pasión por la justicia.

En *Lo que Hemos Visto y Oído: Carta Pastoral de los Obispos Negros de los Estados Unidos sobre la Evangelización*, los obispos escriben:

> "Existe una riqueza en nuestra experiencia negra que debemos compartir con todo el Pueblo de Dios. Estos son dones que son parte de un pasado africano. Pues hemos oído con oídos negros y hemos visto con ojos negros y hemos entendido con un corazón africano. Damos gracias al Señor por los dones de nuestra fe católica y damos gracias por los dones de nuestra negrura. Con toda humildad acudimos a toda la Iglesia para que comparta nuestros dones para que 'nuestra alegría sea completa'".

Como líder catequético, el objetivo de tu servicio a los católicos negros debe ser asegurar que su experiencia sea "realmente negra y auténticamente católica" y que los dones de la comunidad negra católica puedan enriquecer la Iglesia en su conjunto. Los siguientes son algunos de los principios que puedes aplicar como líder catequético que sirve a la comunidad católica negra:

1. Un ministerio impulsado por un espíritu evangelizador y un espíritu de alegría que debe ser compartido.
2. Un énfasis en la Palabra de Dios/las Sagradas Escrituras y en la gran historia liberadora de la Historia de la salvación.
3. Un enfoque en la liberación de las personas de distintas formas de opresión y racismo, y en el trabajo por la justicia y la reconciliación.
4. Énfasis en la importancia de la oración y la contemplación.

5. Comodidad con expresiones de fe holísticas, que combinen la cabeza (firmemente intelectual) y el corazón (profundamente afectivo).
6. Énfasis en la familia (familia extendida) y la comunidad.
7. Un espíritu de ecumenismo y un entendimiento/apreciación del concepto de "la Iglesia negra", que supera los límites denominacionales.
8. Esfuerzos intencionales y proactivos para convocar, capacitar y formar a líderes en la comunidad católica negra.
9. Una amplia variedad de oportunidades para la juventud negra, que es especialmente vulnerable en la sociedad de hoy.
10. Familiaridad con el Ritual de la Iniciación Cristiana de Adultos (RICA) como vehículo para la evangelización.
11. Oportunidades edificantes para la oración que sean verdaderamente un momento de alabanza y agradecimiento, y que sean expresiones auténticas de vitalidad espiritual.
12. La inclusión (de historias e imágenes) de santos (pequeños y grandes) de color, como Augustus Tolton, Martín de Porres, Josephine Bakhita, la madre Mary Lange, Pierre Toussaint, Charles Lwanga, Perpetua y Felícitas, la hermana Thea Bowman y otros.

(Adaptado de *Lo que Hemos Visto y Oído: Carta Pastoral de los Obispos Negros de los Estados Unidos sobre la Evangelización*, [St. Anthony Messenger Press, 1984]).

- **Pueblos indígenas.** Esta familia cultural incluye a los indígenas norteamericanos, alasqueños y mayas, entre otros. Los indígenas de los Estados Unidos sufrieron mucho a manos de fuerzas europeas, a menudo en nombre de la Iglesia. Muchas de esas mismas fuerzas también castigaron a numerosos sacerdotes, religiosos y laicos que se manifestaban denunciando los delitos cometidos contra los pueblos indígenas. Estos antecedentes históricos han dificultado que los indígenas se sientan totalmente acogidos por la Iglesia católica. En 1992, para conmemorar los 500 años de la llegada de Colón a esta parte del mundo, la comisión Ad Hoc sobre Católicos Indígenas de los Estados Unidos, en la Conferencia de Obispos Católicos de los Estados Unidos, publicó una carta que reconocía la necesidad de tener esperanza frente a un pasado doloroso: "1992: Un momento para el recuerdo, la reconciliación y un nuevo compromiso como pueblo" [v.d.t].

En 2002, la misma comisión publicó un informe titulado "*Native American Catholics at the Millennium*" [Indígenas católicos en el nuevo milenio]. Este informe indicaba que aproximadamente el 20–25 por ciento de los indígenas son católicos y que aproximadamente la mitad de todos los indígenas "viven en diócesis que no tienen una oficina ni un programa específicamente diseñados para satisfacer sus necesidades" [v.d.t]. Además, algunos problemas críticos en muchas comunidades de indígenas son la encarcelación masiva, la pobreza, la falta de empleo, la pérdida continua de tierras e identidad (esto incluye los idiomas nativos), la explotación de los recursos naturales, la violencia doméstica, la falta de educación, la superpoblación y los servicios de salud inadecuados.

En los ministerios catequéticos para indígenas católicos, los principales temas son la inculturación, la oración y los sacramentos. Hoy, los indígenas católicos celebran su fe con una fusión de costumbres y símbolos católicos e indígenas. Esto puede incluir vestimentas tribales coloridas, música de tambores, bailes, sahumar (bendecir o purificar con cedro, salvia, etcétera), plumas de águila utilizadas en las bendiciones, búsquedas espirituales, cabañas de sudación, fumar en pipa, oración en las cuatro direcciones (dirigiéndose al norte, sur, este y oeste) y vestimentas sagradas y vasijas con diseños indígenas. Los indígenas católicos practican una espiritualidad que está estrechamente relacionada con la naturaleza y que está impregnada de rituales y ceremonias. Es fundamental que los indígenas católicos reconozcan su propia cultura integrada en el ritual católico.

En 2010, santa Catalina Tekakwitha fue canonizada como la primera santa indígena estadounidense. La Conferencia Tekakwitha es la "voz, presencia e identidad de los católicos indígenas de Norteamérica bajo la protección y la inspiración de santa Catalina Tekawitha" [v.d.t]. La conferencia publica y suministra recursos catequéticos católicos de origen indígena y organiza una conferencia anual desde 1939. Su boletín de noticias, *Cross and Feathers* [La cruz y las plumas], está disponible en su página web (tekconf.org).

- **Los nuevos inmigrantes.** Este grupo incluye a inmigrantes de primera generación de todos los continentes, a diferencia de los primeros inmigrantes que venían principalmente de Europa. La Iglesia se preocupa y se siente singularmente desafiada por las necesidades pastorales de los migrantes, de los refugiados, de los viajeros y de quienes buscan asilo. Generalmente, se emigra como reacción a serias amenazas de guerra, violencia, discriminación étnica y pobreza severa. Muchos inmigrantes recién llegados a los EE. UU. son católicos. Son el origen de muchas vocaciones religiosas que hoy sirven a la Iglesia en este país.

Hay que reconocer que la inmigración es un tema volátil de conversación. Sin embargo, la Iglesia honra la dignidad de cada persona. Como declararon los obispos católicos de los EE. UU. en *Acogiendo al forastero entre nosotros: Unidad en la diversidad* (noviembre de 2000): "Llamamos a todos los pueblos de buena voluntad, pero a los católicos especialmente, a acoger a los recién llegados en sus barrios y escuelas, en sus centros de trabajo y culto, con sincera hospitalidad, apertura y disposición tanto a ayudar como a aprender de nuestros hermanos y hermanas, de cualquier raza, religión, grupo étnico o formación cultural".

Utiliza la llave de la puerta de entrada

Los conceptos de cultura "individualista" y cultura "colectivista" son medios reveladores para entender qué sucede en ámbitos interculturales como la parroquia, el lugar de trabajo y los ambientes de aprendizaje. Estos conceptos pueden convertirse en una "llave" útil para descubrir nuestras diferencias y ayudarnos a interpretar las dinámicas de las relaciones entre diferentes culturas. Naturalmente, este espectro de perspectivas puede variar según los individuos y los grupos. Más de dos tercios de las culturas del mundo son colectivistas y operan mayormente en África, Asia y Latinoamérica. En una cultura colectivista, el grupo tiene prioridad sobre el individuo. Las culturas individualistas, que conforman menos de un tercio de la población mundial, son endémicas en la cultura prevalente de los Estados Unidos, Europa y Canadá. La cultura individualista valora a la persona sobre el grupo. Como líder catequético, vas a encontrar que algunos grupos étnicos son naturalmente intergeneracionales (la familia entera —incluidos los niños pequeños, así como también los abuelos y tíos— asistirá a una experiencia de formación en la fe). Esta situación puede requerir esfuerzos deliberados de tu parte para encuadrar una experiencia de formación que sea intergeneracional.

Esta distinción fundamental es un ejemplo de las realidades ocultas identificadas en la metáfora del iceberg que consideramos anteriormente. Las perspectivas y motivaciones encontradas pueden emerger en la comunicación intercultural, en la toma de decisiones, en la planificación de eventos y en las situaciones de aprendizaje. Por ejemplo, es común en algunos grupos étnicos responder "sí", cuando en realidad quieren decir: "No quiero ofenderte, pero. . . no". Esto podría explicar por qué algunos aceptarán tu invitación a participar en un evento catequético pero luego simplemente no aparecerán. Ser consciente de estas suposiciones culturales te ayudará a liberar tu creatividad cuando desempeñas tu ministerio con estas personas.

O bien, utiliza la llave de repuesto oculta

Nosotros, los seres humanos, creados a imagen y semejanza de nuestro Dios trino, estamos "diseñados" para relacionarnos con otras personas. Los humanos naturalmente quieren que los demás tengan una imagen favorable de ellos. Todos queremos mostrar una buena "cara". Esta verdad es otra clave para entender las diferentes culturas.

La doctora Stella Ting-Toomey, investigadora de las comunicaciones interculturales y del manejo de conflictos, escribió *The Matrix of Face: An Updated Face-Negotiation Theory* [La matriz del rostro: Una teoría actualizada de la negociación del rostro] Señala: "El rostro es la imagen pública de un grupo. . . el modo en que un grupo quiere que otros individuos y grupos lo perciban" [v.d.t.] (*Building Intercultural Competence for Ministers* [Fomentar la competencia intercultural de los ministros], 2012). Ting-Toomey identifica tres valores básicos que son importantes para todos los grupos culturales/étnicos cuando interactúan con otros grupos:

- Autonomía: Mi grupo es autosuficiente.
- Moral: Mi grupo es agradable, confiable, accesible.
- Competente: Mi grupo tiene recursos y logros.

En la comunicación intercultural, los grupos tienen diferentes enfoques para salvar (proteger) su imagen o dar (proyectar) una imagen a fin de demostrar que son autónomos, morales y competentes. Por ejemplo, en algunas culturas, la negociación puede ser una maniobra que se da cara a cara, y el uso de un lenguaje autocrítico puede ser una estrategia para salvar las apariencias. Puedes usar estos valores subyacentes como una "llave de repuesto" para abrir las puertas de un ministerio eficaz entre grupos étnicos.

Inculturación y misericordia

De muchas maneras, la inculturación solo se convierte en un problema cuando nos encontramos con personas que vemos como diferentes de nosotros. Cuando se dan tales encuentros, la inculturación nos invita a preguntarnos: "¿Cómo está ya presente Dios en este grupo?" y "¿Cuál es la mejor manera de proclamar la presencia de Dios en este grupo?". Cuando nos encontramos con personas a quienes vemos como diferentes de nosotros, a menudo encontramos que no solo hay diferencias raciales, sino también socioeconómicas. Esto es así sobre todo cuando nos encontramos con quienes viven en la pobreza extrema, quienes no tienen un hogar y quienes carecen de lo básico para vivir, como el alimento, la vestimenta y el techo: aquellos a quienes Jesús se refiere como "los menores" de nuestros hermanos (Mateo 25:40). Fue con esto en mente que el fallecido Cardenal Francis George, OMI, dijo, como es bien sabido, a un grupo de benefactores adinerados: "Los pobres los necesitan a ustedes para que los saquen de la pobreza, y ustedes necesitan a los pobres para no irs al infierno" [v.d.t.]. Con eso quiso decir que necesitamos que los pobres nos recuerden la presencia de Dios en aquellos que la sociedad parece haber olvidado. En otras palabras, quienes son marginados por la sociedad juegan un papel crucial en la realidad que es la catequesis, pues es a través de la enseñanza y la práctica de obras de misericordia hacia los necesitados que encontramos más intensamente a Jesucristo.

Las obras de misericordia corporales y espirituales no son solo una lista para memorizar, sino que son acciones que a los católicos se nos enseña a incorporar en la vida cotidiana. Es por esta razón que los programas catequéticos deben incluir oportunidades para que niños, adolescentes y adultos participen en obras de misericordia donde puedan servir a los necesitados. Si la catequesis es realmente un aprendizaje de un modo de vida, como lo describe el *Directorio General para la Catequesis*, entonces este modo de vida debe caracterizarse por una continua participación en obras de misericordia. Para que este aprendizaje sea realmente eficaz, no debemos esperar a que los niños lleguen a la edad de la Confirmación para requerir que realicen un proyecto o un número mínimo de horas de servicio. La misericordia no es un proyecto que hay que terminar, o una tarea para completar de una lista: es una manera de encontrar a Jesús en nuestro prójimo. Por esa razón, me arriesgaría a recomendar que estas oportunidades sean llamadas "experiencias de misericordia", más que proyectos de servicio.

La realidad es que muchas otras instituciones, como las escuelas públicas, requieren la realización de servicio comunitario como lección/experiencia de educación cívica. Si bien no estoy sugiriendo que el servicio que realizamos en nombre de la Iglesia sea mejor, la realidad es que hacemos el servicio por una razón diferente. Un servicio se hace por muchas razones: para devolver un favor, para sentirse bien con uno mismo, por un sentimiento de compasión por los demás, por un vínculo personal con una causa, entre otras cosas. Todas estas son buenas razones. Los seguidores de Jesús, sin embargo, sirven a los demás para que el Reino de Dios se haga visible para quienes están al borde de la desesperación. Servimos para llevar esperanza a los demás. Servimos para llevarle gloria a Dios. Servimos para encontrar a Jesús. No realizamos buenas obras para complacer ni aplacar a Dios. No hacemos buenas obras para ganar la gracia ni la salvación. Hacemos buenas obras porque Dios es amor y ansiamos vivir en Dios. Al compartir el amor con los demás, encontramos al Dios vivo. Una forma importante de distinguir las obras de misericordia de las horas de servicio es asegurarnos de que la oración y la reflexión sean parte de la experiencia antes, durante y después.

Las experiencias de misericordia pueden adoptar diversas formas, desde ser voluntarios en un comedor, en un refugio para las personas sin hogar o en un banco de alimentos (para aprendices más maduros) hasta preparar paquetes de comida para personas desamparadas, crear tarjetas de buenos deseos para los enfermos o confinados en su hogar y preparar sándwiches para quienes no tienen los medios para comer. Estas actividades, además, son propicias para la participación de los padres y la familia. En lo que respecta al programa catequético en su conjunto, es importante recordar que las experiencias de misericordia no son una interrupción en tu agenda de formación en la fe, sino que son parte integral de la enseñanza de una vida de discipulado.

Inculturación y justicia

Tan pronto nos aventuramos en el terreno de los actos de caridad y de misericordia con los necesitados, nos damos cuenta de que a menudo existen factores sociales culpables de su desgracia. Es por esta razón que la Iglesia se refiere a la caridad y la justicia como los "dos pies" de la acción social. No es suficiente con que realicemos obras de misericordia para aliviar el sufrimiento de otros; además, somos llamados a transformar esas realidades sociales que privan a las personas de disfrutar de la abundancia de la creación de Dios.

Durante siglos, la Iglesia católica ha estado desarrollando una obra (encíclicas papales, exhortaciones apostólicas y diferentes documentos) que ha conformado lo que ahora conocemos como la "enseñanza social católica". Cuando san Ignacio de Loyola fundó la orden de los jesuitas en el siglo XVI, creía firmemente que la fe debe ponerse en acción y pidió a sus seguidores que fueran "personas para los demás". Casi cuatrocientos años después, uno de sus sucesores, el Padre Pedro Arrupe, SJ (Superior General de los jesuitas, 1965–1983) dijo: "No podemos separar la acción por la justicia de la proclamación de la Palabra de Dios" [v.d.t]. ¿Te parece radical esta idea? ¡Jesús enseñó este principio hace más de dos mil años! En su parábola del Juicio Final, Jesús dejó muy claro que la fe en él será juzgada según lo bien que esa fe se haya puesto en acción.

> "Los justos le responderán: 'Señor, ¿cuándo te vimos hambriento y te alimentamos, sediento y te dimos de beber, emigrante y te recibimos, desnudo y te vestimos? ¿Cuándo te vimos enfermo o encarcelado y fuimos a visitarte?'. El rey les contestará: 'Les aseguro que lo que hayan hecho a uno solo de éstos, mis hermanos menores, me lo hicieron a mí'". (Mateo 25:37–40)

En otras palabras, la formación en la fe aspira a crear personas para los demás. Para guiarnos en este esfuerzo, los obispos de los Estados Unidos escribieron *Compartiendo la enseñanza social católica: Desafíos y rumbos*, que resume los siete principios de la justicia social en la enseñanza católica. Si seguimos estos ejemplos, descubriremos cómo vivir como personas para los demás.

- La dignidad de la persona: somos llamados a preguntarnos si nuestras acciones como sociedad respetan o amenazan la vida y la dignidad de la persona.
- El llamado a la familia, a la comunidad y a la participación: somos llamados a apoyar a la familia —la principal institución social— para que las personas puedan participar en la sociedad, fomentar un espíritu de comunidad y promover el bienestar común.
- Los derechos y deberes: somos llamados a proteger los derechos que tienen todas las personas a aquellas cosas necesarias para una vida humana decente, como alimento, vestimenta y vivienda.
- La opción por los pobres e indefensos: somos llamados a prestar especial atención a las necesidades de los pobres.
- La dignidad del trabajo y los derechos de los trabajadores: somos llamados a proteger los derechos fundamentales de todos los

trabajadores: el derecho a participar en el trabajo productivo, a una remuneración justa, a la propiedad privada y el derecho a organizarse, a unirse a sindicatos y buscar oportunidades económicas.

- La solidaridad: somos llamados a ser solidarios porque Dios es nuestro Padre, todos somos hermanos con la responsabilidad de cuidarnos unos a otros.
- El cuidado por la creación de Dios: somos llamados a cuidar de todo lo que Dios ha creado.

En la parábola del Juicio Final, Jesús pone en claro nuestra responsabilidad de atender las necesidades de los demás. La Iglesia enseña esta responsabilidad en estos siete principios de la enseñanza social católica, los cuales nos recuerdan que, si queremos vivir como seguidores de Jesús, tenemos que vivir como personas para los demás. En última instancia, la inculturación nos llama a esforzarnos y a trabajar para llevar la misericordia de Dios a los necesitados y para transformar la sociedad, de modo que todos puedan gozar de la abundancia de la creación de Dios. La misericordia y la justicia no son "optativas" en la escuela del discipulado, sino "obligatorias".

Resumen: la Palabra se hizo carne

La Palabra se hizo carne
y habitó entre nosotros.
Y nosotros hemos contemplado su gloria,
gloria que recibe del Padre como Hijo único,
lleno de gracia y verdad. (Jn 1:14)

De acuerdo con *el Directorio Nacional para la Catequesis*, "Jesucristo es el rostro humano de Dios y el rostro divino del hombre. La encarnación del Hijo único de Dios es la inculturación original de la palabra de Dios" (#21A). Jesús, nuestro modelo perfecto de evangelización para el mundo, siempre está con nosotros como guía mientras nos capacitamos como discípulos. En algún momento del compromiso para continuar creciendo espiritualmente, el aprendiz se transforma. Entonces, la cabeza, el corazón y las manos se abren para recibir la diversidad como un don y no como una carga.

Para reflexionar y conversar

Conversa sobre las siguientes preguntas con un amigo o persona de confianza:

- ¿Cuál es tu cultura principal? Tal vez te identifiques con múltiples grupos, por ejemplo, género, generación, región o país de nacimiento, asociación profesional, hasta pasatiempos o espectáculos favoritos. Menciónalas.
- ¿Cuál es tu herencia cultural o étnica? ¿Qué papel juega, si es que juega alguno, en tu opinión de ti mismo?
- ¿Cómo te sientes cuando otros hablan de su herencia cultural? ¿Alguna vez cometiste una "metida de pata" cultural? ¿Cómo te hace sentir esa conversación?

Madurar como líder catequético

Es posible que sientas que entender la inculturación, hacer algo al respecto y fomentar la competencia intercultural, ¡es otra tarea más que hacer! Sin embargo, esto no es otra casilla que marcar en una lista. Es parte de las siete tareas de la catequesis (*Directorio Nacional para la Catequesis*, #21A). Culturalmente hablando, somos como peces en el agua. No nos damos cuenta de que estamos viendo situaciones a través de nuestra propia lente cultural hasta que damos con un obstáculo, como una falla grave en la comunicación o sentimientos heridos sin querer. Una de las grandes características del ser humano es la habilidad de cambiar nuestro pensamiento y nuestra conducta de acuerdo con la voluntad de Dios. Independientemente de nuestras circunstancias pasadas y de nuestras condiciones actuales, Dios quiere transformar nuestro corazón y aumentar nuestra capacidad de amar a nuestro Creador (a quien no vemos) y a los hermanos que vemos delante de nosotros, que están hechos a imagen y semejanza de Dios. ¿Qué experiencias de vida te han preparado para el liderazgo catequético en un ambiente multicultural? Por otra parte, ¿qué situaciones en tu vida han limitado tu habilidad de adquirir el conocimiento, las destrezas y las actitudes necesarias para catequizar a otros en un ambiente multicultural?

El líder catequético eficaz — Conferencia Nacional Liderazgo Catequético — LoyolaPress.

La Palabra debe hacerse carne

La sociedad de hoy es más multicultural, diversa y pluralista que nunca antes. Por esa razón, es crucial que la Iglesia, y los líderes catequéticos en particular, presten mucha atención a las distintas culturas dentro de la comunidad parroquial y busquen maneras de proclamar el Evangelio del modo más efectivo dentro de esas distintas culturas. El *Directorio Nacional para la Catequesis* identifica siete tareas catequéticas en la inculturación:

1. Descubrir las semillas del Evangelio que pueden estar presentes en la cultura
2. Conocer y respetar los elementos esenciales y expresiones básicas de la cultura de las personas a quienes está dirigida
3. Reconocer que el mensaje evangélico es tanto trascendente como inmanente: no está constreñido por las limitaciones de ninguna cultura humana individual, pero a pesar de ello tiene una dimensión cultural, aquélla en la que vivió Jesús de Nazaret
4. Proclamar la fuerza transformadora y regeneradora que el Evangelio efectúa en cada una de las culturas
5. Promover un renovado entusiasmo por el Evangelio en sintonía con la cultura evangelizada
6. Usar el lenguaje y la cultura del pueblo como cimientos para expresar la fe común de la Iglesia
7. Mantener el contenido integral de la fe y evitar oscurecer el contenido del mensaje cristiano, como sería el caso si se utilizaran adaptaciones que podrían comprometer o disminuir el depósito de la fe

Con estos principios en mente, identifica las distintas culturas dentro de la comunidad de la fe en tu propia parroquia y toma nota de algunas de sus características y tradiciones singulares. Luego propón ideas acerca de sus implicaciones para tus esfuerzos catequéticos.

Culturas	Características y tradiciones singulares	Implicaciones catequéticas

Todo el pueblo de Dios: catequesis eficaz en una Iglesia diversa — Capítulo 3

Visita www.loyolapress.com/lce para acceder a la hoja de ejercicios.

Acción sugerida

Rápidamente marca la casilla de Verdadero o Falso junto a las siguientes oraciones. No pienses demasiado tus respuestas. Luego, concéntrate en una o dos que te resulten un desafío, y añade información a tus respuestas.

	Verdadero	**Falso**
1. Entiendo que *católico* significa "universal" e incluye a todos los grupos étnicos sin distinción.		
2. Creo que todos somos hijos de Dios y debemos ser tratados por igual.		
3. Veo a las personas, no su color.		
4. Nuestra parroquia acoge a todos, más allá de su país de origen o condición migratoria.		
5. El liderazgo en nuestra parroquia refleja la diversidad en nuestra diócesis.		
6. Pertenezco a una parroquia compartida.		
7. Cuando hablo de raza, siento miedo, ignorancia y/o culpa.		
8. Nunca hablo sobre raza.		
9. Creo que hablar sobre diferencias raciales y étnicas provoca o empeora las divisiones.		
10. Un visitante de otro planeta podría ver que nuestra parroquia valora la diversidad cultural.		

Recursos adicionales

En español

Melloni Ribas, Javier, SJ: *El uno en lo múltiple*. Santander: Sal Terrae, 2003.

Stanislaus, Lazar T. y Ueffing, Martín: *Interculturalidad en la vida y en la misión*. España: Editorial Verbo Divino, 2017.

"Lo que hemos visto y oído: Carta Pastoral de los Obispos Negros de los Estados Unidos sobre la Evangelización" Washington, DC: Conferencia de Obispos Católicos de los Estados Unidos, 1984.

En inglés

Asian and Pacific Island Catholics in the United States [Católicos asiáticos y polinesios en los Estados Unidos]. Tricia C. Bruce, PhD, Jerry Z. Park, PhD, y Stephen M. Cherry, PhD (Washington, DC: United States Conference of Catholic Bishops, octubre 2015).

Best Practices for Shared Parishes: So That They May All Be One [Mejores prácticas para parroquias compartidas: Que todos sean uno]. (Washington, DC: United States Conference of Catholic Bishops, 2013).

Building Intercultural Competence for Ministers [Fomentar la competencia intercultural de los ministros]. (Washington, DC: United States Conference of Catholic Bishops, 2012).

Hispanic/Latino Presence in the USA and the Church [Presencia hispana/latina en los Estados Unidos y en la Iglesia]. Alejandro Aguilera-Titus, MA, y Allan Figueroa Deck, SJ, PhD (Washington, DC: United States Council of Catholic Bishops, 1992, 2002).

Native American Catholics at the Millennium [Católicos indígenas estadounidenses en el milenio]. (Washington, DC: United States Conference of Catholic Bishops, 2002).

http://www.usccb.org/issues-and-action/cultural-diversity/.

4

Todo comienza en el hogar: la catequesis, la familia y la iglesia doméstica

En aquel entonces, hace mucho tiempo. . .

Érase una vez un tiempo en el que las familias se reunían alrededor de la mesa para comer juntos. Bendecían los alimentos juntos, hablaban de lo sucedido durante el día en el trabajo, la escuela, la casa y las actividades extracurriculares. Era costumbre para los católicos no comer carne los viernes. Los miembros de la familia podían observarse mientras rezaban, ya fuera con los niños a la hora de ir a dormir, mientras mamá estaba ocupada con los quehaceres domésticos o durante un momento contemplativo de papá.

En aquel entonces, las herramientas para el fomento de la fe eran sencillas: las oraciones católicas, el menú prescrito de preguntas y respuestas que se encontraban en el *Catequismo de Baltimore*, el Rosario. La memorización de fórmulas doctrinales, como el Credo de los Apóstoles, los Diez Mandamientos, las tres virtudes teologales y los siete pecados capitales, comenzaba a una edad temprana. Pese a probables lagunas teológicas, se alentaba dentro de la familia a un fundamental amor por Dios, que era reforzado en las escuelas y la comunidad.

El *Catecismo de la Iglesia Católica* enseña que "El hogar cristiano es el lugar en que los hijos reciben el primer anuncio de la fe. Por eso la casa familiar es llamada justamente 'Iglesia doméstica', comunidad de gracia y de oración, escuela de virtudes humanas y de caridad cristiana" (*CIC*, #1666). En otras épocas se "respondía" a las preguntas difíciles sobre la fe con el mantra "es un misterio". La fe se marcaba con mayor firmeza en la persona a través del comportamiento que por medio de la enseñanza religiosa. Esencialmente, la fe se transmitía y se adoptaba gradualmente a través de las prácticas y rituales devocionales dentro de la familia, tanto en el hogar como en público.

Muchas familias creaban sus propias tradiciones relacionadas con los tiempos litúrgicos y las actividades de la parroquia. Por ejemplo, una familia podía colocar una corona de Adviento en un lugar destacado de su hogar. Los católicos mayores recuerdan que en mayo (el mes de María) y en octubre (el mes del Santo Rosario), sus padres o abuelos les interrumpían el juego para que recitaran el Rosario de rodillas y en familia. ¡Por supuesto que los niños sabían guardarse cualquier objeción, o pronto aprendían su lección!

Se iba al confesionario los sábados por la tarde, se elegía "la ropa del domingo" y se comenzaba a preparar la cena del domingo. Luego, llegaba la prisa por levantar a todos y vestirse a tiempo para la misa del domingo. Todo indicaba la importancia de conmemorar el sabbat.

Las tareas de la clase de religión o catequesis de los niños podían convertirse en un asunto familiar, ya que era probable que invitaran a los padres a participar. En su libro *The Great Emergence: How Christianity Is Changing and Why* [El gran surgimiento: cómo y por qué está cambiando el cristianismo] (Baker Books, 2008, 2012), la gran Phyllis Tickle, ya fallecida, describió la manera en que, en épocas pasadas, la familia se reunía en casa de la abuela los domingos por la tarde, y "era la abuela, en general, quien preguntaba. . . qué era exactamente lo que Johnny había aprendido en la escuela dominical" (86–87) [v.d.t]. Los jóvenes cuyos parientes mayores servían como lectores, miembros del coro, acólitos, congregantes y caballeros eran reclutados para ser monaguillos y ayudantes en la iglesia. También para sostener la patena, tocar las campanas, cantar en el coro, colocar las flores en el altar. Responsabilidades como estas atraían a los jóvenes a la acción de los creyentes y con frecuencia nutrían el interés en las cosas de Dios.

En aquellos días, el ambiente del hogar jugaba un papel importante como agente de transmisión de fe. Elementos de la iglesia que se llevaban al hogar servían como mensajeros de fe: un crucifijo en la pared de una habitación, estatuillas sagradas en la sala y arte sacro en la pared del comedor eran elementos fijos visibles en muchos hogares católicos. Los amigos que visitaban la casa podían encontrarse con estampas de oración en un esquinero, un rosario colgando de la cabecera de una cama o metido debajo de una almohada. En la cocina, podía verse algún boletín parroquial pegado a la nevera o una imagen de la Virgen María en la cornisa de una ventana de la cocina, entre las plantitas.

No podemos retroceder en el tiempo; sin embargo. . .

En algunas familias, estos mensajes pueden haber parecido excesivos para algunos miembros, mientras que fijaban y apuntalaban la fe de otros. No podemos retroceder en el tiempo, ni quisiéramos, la mayoría de nosotros, volver atrás por diferentes razones. Sin embargo, los estilos de vida contemporáneos estadounidenses son sumamente distintos, y han cambiado por una variedad de factores a lo largo del último siglo. Phyllis Tickle explica que, con la creciente popularidad del automóvil a principios del siglo XX, cambiaron a la abuela por "paseos en el campo" (y más tarde, por el centro comercial y las actividades deportivas), transformando así el sabbat en, simplemente, un domingo. Esta "marginación de la abuela", según Tickle, es solo un factor que ha conducido a una gradual erosión del papel de la familia en la formación en la fe en los niños. Como resultado de esta tendencia, la transmisión de la fe, a través de sucesivas generaciones dentro de la familia, se ha visto obstaculizada. Hoy, las generaciones difieren en su entendimiento de Dios y la espiritualidad, como observa John Roberto en *Reimagining Faith Formation for the 21st Century* [Reimaginar la formación en la fe para el siglo XXI].

Recientemente, un amigo compartió la preocupación de que el hogar de su hijo no muestra evidencias de la fe que él recibió tan amorosa e intencionalmente durante su juventud. No hay una Biblia, ni un crucifijo, ni ningún elemento religioso a la vista. Eso no significa que no se descarguen la Biblia o aplicaciones para rezar en los dispositivos móviles de la familia. Aun así, las herramientas digitales son principalmente para uso personal y no están a la vista de los demás, especialmente los niños.

Y sin embargo, pese a todos estos cambios, el hogar es todavía el ambiente más fructífero para que crezca la semilla de la fe que Dios planta en el corazón de los niños. La vida familiar riega, nutre y pone a prueba este jardín de fe. Como explica el *Catecismo de la Iglesia Católica:* "La familia cristiana es el primer lugar de la educación en la oración. Fundada en el sacramento del Matrimonio, es la 'iglesia doméstica' donde los hijos de Dios aprenden a orar 'como Iglesia' y a perseverar en la oración. Particularmente para los niños pequeños, la oración diaria familiar es el primer testimonio de la memoria viva de la Iglesia que es despertada pacientemente por el Espíritu Santo" (*CIC*, #2685). Lo ideal es que la catequesis comience en casa. Aunque puede no verse exactamente como se veía hace un siglo, la fe en el hogar es aún posible y, me atrevo a decir, no negociable.

"La catequesis familiar es [. . .] insustituible" (*Directorio General para la Catequesis*, #178). En el pasado, cuando la familia y la comunidad jugaban un papel tan sólido en la formación en la fe, era suficiente que las familias dejaran a sus hijos en la escuela católica o en la clase de catecismo para que aprendieran los aspectos formales y las doctrinas de la fe. Con el tiempo, los padres llegaron a creer que las escuelas católicas y los programas de educación religiosa estaban mejor equipados que ellos para transmitir la fe. Como resultado, hoy son demasiados los padres que confían totalmente en instituciones como las escuelas católicas o los programas de educación religiosa para convertir a sus hijos en fieles discípulos. En el actual contexto económico y social, este peso es demasiado grande para las escuelas católicas y los programas parroquiales (Thomas Groome, *Will There Be Faith?* [¿Habrá fe?]).

¿La "típica" familia estadounidense?

Para aclarar aún más el desafío contemporáneo de la catequesis familiar, debemos recordar que no hay familia típica estadounidense. A continuación encontrarás once formas comunes de configuración familiar en la actualidad.

1. Matrimonio con hijos
2. Matrimonio sin hijos
3. Familia ensamblada de un matrimonio con hijos de unión o uniones anteriores
4. Padre/madre soltero/a con hijos
5. Pareja no casada con hijos
6. Pareja no casada sin hijos
7. Pareja del mismo sexo con hijos
8. Pareja del mismo sexo sin hijos
9. Abuelos y padres que viven juntos con hijos
10. Abuelos como principales cuidadores de los nietos
11. Padres con hijos adultos que viven en el hogar

Si bien muchas de estas situaciones existían en el pasado, algunas se consideraban irregulares, hasta inconcebibles y tabú. Este ya no es el caso. Descubrí esto personalmente cuando preparaba a adolescentes para la Confirmación. A medida que pasaban los años, menos estudiantes vivían con sus padres biológicos. Y algunos de los que sí lo hacían solo eran apoyados en el desarrollo de su fe por un abuelo. En un grupo de candidatos al sacramento, los padrinos eran más confiables que los padres. También descubrimos que varios jóvenes invitaban a algún feligrés adulto en particular para que los apadrinaran al celebrar el sacramento, en lugar de un familiar. ¿Concuerda esto con tus observaciones?

Es dentro de *este* contexto familiar, no el contexto familiar de los años 50, que somos llamados a proclamar la Buena Nueva de Jesucristo. Aunque las familias han cambiado, siguen siendo la tierra en que se planta y nutre la semilla de la fe.

Empoderar a las familias para que sean la iglesia doméstica

Así, como líder catequético, eres llamado a formar no solo a niños, sino a familias enteras. De ahora en adelante, tu tarea consiste en equipar y empoderar a las familias para que, nuevamente, acepten su papel como iglesia doméstica: un lugar donde la fe echa raíces y se nutre. ¿Qué enfoques necesita utilizar el líder catequético del siglo XXI para convertir esta meta en una realidad? Veamos una variedad de estrategias.

- **Flexibilidad.** Como las familias están tan ocupadas es más importante que nunca proveer opciones y flexibilidad cuando se trata de coordinar los horarios de las sesiones y oportunidades para la formación en la fe. Pese a que no es humanamente posible adaptarse a las necesidades y circunstancias individuales de cada familia, es importante ofrecer opciones que muestren consideración por las apretadas agendas de las personas. Esto es especialmente importante cuando se trata de la preparación sacramental. Las familias de hoy ya no siguen todo al pie de la letra: el Bautismo de los niños en su primera infancia, la Primera

Comunión en segundo grado y la Confirmación en el octavo. Los niños "fuera de secuencia" es lo normal hoy en día. Es necesario desarrollar y sostener un enfoque catecuménico con respecto a los sacramentos: uno que incluya a toda la familia. Esto no debería ni mencionarse, pero es fundamental que no avergüences a los padres por llevar a los niños "fuera de secuencia". Más bien, muéstrate comprensivo y dales la bienvenida, luego consigue su total compromiso para seguir adelante creciendo en la fe como familia.

- **Evangelización.** Hoy es lógico suponer que un gran número de padres tienen necesidad de evangelización y catequesis. Muchos padres en la actualidad no se sienten seguros de su capacidad para guiar el desarrollo espiritual de sus hijos. Puede que no hayan tenido la práctica que tuvieron sus padres. Tal vez no asistieron a misa con regularidad durante muchos años ni recibieron muchas explicaciones sobre la fe. Más padres hoy en día son, ellos mismos, hijos de familias divorciadas y ensambladas, para quienes la instrucción religiosa semanal no era parte de la rutina familiar. Haz todo lo posible por recibir, invitar y hacer participar a los padres de maneras que no eran necesarias hace una o dos generaciones. Ofréceles todas las oportunidades para que crezcan en su propia fe y para que se evangelicen a través de encuentros con Cristo.
- **"Nuevos" métodos.** Muchas parroquias están recurriendo a programas de formación en la fe que pueden describirse como "catequesis familiar". Este es un enfoque que combina reuniones intergeneracionales mensuales (que incluyen tiempo compartido como familia y una oportunidad para la formación en la fe para adultos mientras los niños asisten a una sesión con su catequista) con sesiones en casa en las que los hijos y sus padres trabajan juntos. En muchos sentidos, este enfoque no es nada nuevo, ya que simplemente llama a los padres a aceptar su responsabilidad

de enseñar su fe a sus hijos. Lo diferente es el tiempo que se dedica a la formación de los adultos y a equiparlos/ayudarlos mientras ellos enseñan a sus propios hijos.

- **La tecnología y las redes sociales.** Para promover una mejor comunicación con las familias, es fundamental que utilices los últimos formatos de tecnología y redes sociales, no solo para compartir información sobre logística, fechas y horarios, sino también como vehículos para la formación en la fe. Por ejemplo, puedes realizar encuentros por video, mediante Skype o FaceTime en tu computadora o usar el teléfono inteligente, para enviar breves mensajes inspiradores/catequéticos a los padres. De esa manera los ayudarás a aprender más acerca de su propia fe mientras conducen a sus hijos a una fe más profunda. Asimismo, ya que las familias están tan ocupadas, es importante ofrecer experiencias catequéticas digitalmente a quienes no pueden asistir a clases.
- **Escuchar.** Parte de tu trabajo como líder catequético es escuchar activa y compasivamente. A medida que los individuos, las parejas o familias compartan sus historias (muchas de las cuales serán muy complejas), llegarás a conocerlos para poder servirlos mejor. Tu papel no es simplemente administrar un programa, sino también ejercer el ministerio con *personas*. Aunque no seas un consejero o terapeuta, eres un ministro pastoral que debe tratar de sanar heridas y acercar a las personas a Cristo. A menudo, ese proceso comienza, sencillamente, ofreciendo un oído atento. Por lo tanto, es fundamental que aprendas y practiques la presencia pastoral, que es la habilidad de comunicar una preocupación y un interés auténticos enfocando toda tu atención en la(s) persona(s) con quien(es) ejerces el ministerio. Esa forma de escucha activa se denomina "atender", que significa asumir una posición física para comunicar que prestas total

atención. En su libro *El orientador experto* (Cengage Learning, 2013, 77–78), Gerard Egan ofrece el siguiente modelo:

- Siéntate frente a la persona.
- Opta por una postura abierta, sin cruzar los brazos o las piernas
- A lo largo de la conversación inclínate levemente hacia la persona.
- Ejerce contacto visual.
- Relaja tu cuerpo y tu mente [v.d.t].

Recuerda que es importante escuchar no solo con los oídos, sino también con los ojos y el corazón. En otras palabras, observa el lenguaje corporal, la expresión facial y el tono de voz para captar pistas que podrían revelar una historia detrás de la historia. Resume lo que escuchas decir a la otra persona para asegurarte de que están en sintonía. La clave es estar siempre invitando a las personas con quienes ejerces tu ministerio a reconocer lo que Dios podría estar llamándolos a hacer, mientras los ayudas a evaluar su situación, entenderla y actuar.

- **Equipar.** Como el hijo de mi amigo, que no tenía símbolos religiosos en su hogar, muchos de los padres y familias de tu ministerio no entienden las tradiciones domésticas católicas, como poner a la vista un crucifijo, una Biblia o una imagen de Jesús o María en el hogar. Necesitarás enseñar a las familias sobre estas tradiciones y darles información sobre lugares donde pueden adquirir símbolos religiosos para su hogar. Asimismo, equipa a las familias con sugerencias prácticas para integrar la fe en la vida cotidiana. Por ejemplo, en su libro *Educando hijos en la plenitud de la fe*, Tom McGrath ofrece cuarenta formas de promover la oración en el hogar. Algunas de sus sugerencias son: “Recen un Padrenuestro siempre que comiencen un viaje largo en el carro”, o “Tengan preparado algún frasco donde guarden las súplicas y las intenciones especiales", o "Infórmense cuando algún miembro de la familia tenga algún encuentro o examen importante, y acuérdense de orar por él o ella en ese momento", por nombrar solo algunas.

- **Capacitación.** Los padres de hoy necesitan ayuda para aprender los pormenores de la paternidad. Es menos común hoy que las familias extendidas vivan bajo un mismo techo o en el mismo edificio, como un sistema de apoyo integrado para los nuevos padres. Muchos padres están completamente solos, con escaso o nulo conocimiento de cómo llevar a cabo su paternidad. Cada vez más, los líderes catequéticos están comenzando a verse como "capacitadores" para padres, brindándoles la ayuda que necesitan para madurar como padres que puedan criar a sus hijos en mente, cuerpo y espíritu.
- **Facilitar maneras de compartir la fe.** Una parte crucial de la formación en la fe consiste en compartir nuestra propia fe. Es especialmente importante que los niños oigan a sus padres hablar de su fe. En todos tus programas catequéticos, asegúrate de tener como prioridad invitar a los padres e hijos a que interactúen, compartiendo la fe y rezando juntos. Al facilitar conversaciones sobre la fe familiar, puedes ayudar a las familias a desarrollar una "religiosidad" que tal vez les ha estado faltado en su vida.
- **Alentar los rituales.** La sociedad de hoy está obsesionada con la información empírica, mientras que nuestra fe católica es una invitación a encontrarse con el misterio. Esto requiere una forma diferente de expresión, en otras palabras, un ritual. Una de las maneras más poderosas para que las familias desarrollen su propia religiosidad es establecer y practicar rituales familiares, como bendecir los alimentos antes de las comidas, bendecir a los hijos a la hora de irse a dormir y al marcharse a la escuela, leer la Biblia, encender una corona de Adviento durante Adviento, entre otras.

- **Instigar.** En su libro *A Church on the Move: 52 Ways to Get Mission and Mercy in Motion* [Una Iglesia en movimiento: 52 maneras de poner en movimiento la misión y la misericordia] Joe Paprocki enfatiza la necesidad no solo de adoctrinar, sino también de instigar, cuando se trata de nuestra fe. En otras palabras, necesitamos movilizar a las personas para formar "ejércitos" cuya tarea sea brindar obras de misericordia corporales y espirituales. Es necesario alentar a las familias a participar en experiencias de misericordia (es decir, oportunidades de servicio) para que lleguen a ver el amor desinteresado como el corazón del discipulado.
- **Celebrar a las familias.** Quizás una de las cosas más poderosas que puedes hacer como líder catequético es celebrar las muchas maneras en que las familias están creciendo en la fe. Aprovecha cada oportunidad para destacar a las familias en tu boletín de noticias, en tu tablón de anuncios, en tu página web y en las redes sociales. Publica fotos de familias en acción e invítalas a dar testimonio de su fe con algunas palabras sobre cómo una experiencia particular las ayudó a crecer en la fe.

Un legado de fe familiar se construye para la eficacia. . . y la tracción

Las familias son buenas para transmitir valores y creencias: políticas, éticas, culturales y religiosas. Estadísticamente, los padres activos en la iglesia producen discípulos que practican más la fe. De igual modo, los padres ajenos a la religión generan familias en las que la religión juega un papel menor, o nulo. Numerosos estudios muestran que los católicos (junto con los principales protestantes) han experimentado una drástica disminución en la transmisión de la religiosidad y la fe en décadas recientes.

No es ningún secreto que los estadounidenses valoran la libertad personal y la privacidad. En consecuencia, el pensamiento secular intenta mantener límites entre la familia y la comunidad, como si la familia fuera un organismo separado e independiente. La Iglesia, sin embargo, toma una posición alternativa.

> "La familia cristiana es una comunión de personas, reflejo e imagen de la comunión del Padre y del Hijo en el Espíritu Santo. Su actividad procreadora y educativa es reflejo de la obra creadora de Dios. Es llamada a participar en la oración y el sacrificio de Cristo. La oración cotidiana y la lectura de la Palabra de Dios fortalecen en ella la caridad. La familia cristiana es evangelizadora y misionera" (*CIC*, #2205).

Dios desea que las familias manifiesten al mundo el misterio de la Santísima Trinidad de modos que los individuos por sí solos no pueden hacerlo. Por medio de la comunicación y el intercambio cotidiano dentro de la unidad familiar, esta pequeña comunidad de personas tiene innumerables oportunidades para practicar la caridad, la paciencia, el perdón, la generosidad, la humildad, la perseverancia, la honestidad y toda forma de virtud. Las experiencias en el hogar son más memorables, las lecciones más duraderas que la más brillante clase o el más revelador proyecto de investigación.

Además de brindarles una educación académica y enseñarles una buena higiene, protocolo y diversas prácticas específicas de las familias en particular, los padres son responsables del desarrollo moral de sus hijos. El Papa Francisco enfatiza esto: "La tarea de los padres incluye una educación de la voluntad y un desarrollo de hábitos buenos e inclinaciones afectivas a favor del bien. Esto implica que se presenten como deseables comportamientos a aprender e inclinaciones a desarrollar. Pero siempre se trata de un proceso que va de lo imperfecto a lo más pleno" (*Amoris Laetitia*, #264).

Siempre hacer eco de la fe

Tal vez conozcas a alguien como mi amiga, líder catequética desde hace mucho tiempo, cuyo hogar alude a sus tres amores: la familia, la cultura y Dios. Cada cuarto de su casa habla de la bondad de Dios. Como un latido, cada pared y rincón repite la alegría del Evangelio. Algunos pueden decir que son chucherías, pero las estatuillas, tarjetas, citas bíblicas, etcétera, son más que decoraciones. En el hogar de mi amiga, literalmente cada superficie visible repite la invitación constante de nuestro Dios amoroso a una nueva vida en el Espíritu. Inmersa en este mensaje, sale de casa llevando la Palabra de Dios a los demás.

Resumen: el fruto del Espíritu Santo es amor

Los frutos del Espíritu Santo son amor, gozo, paz, paciencia,
longanimidad, benignidad, fidelidad, mansedumbre y continencia.
Frente a estas cosas no hay ley que valga. (Gál 5:22–23)

El Bautismo no es algo mágico. La catequesis comienza en casa y la fe crece cuando se vive dentro de la pequeña comunidad de la familia. La familia fue diseñada por Dios para reflejar a las personas interconectadas, diferenciadas e iguales de la Santísima Trinidad. El fruto del Espíritu Santo, tal como se registra en Gálatas 5, describe esta dinámica. No hay familia perfecta, pero las familias pueden ser santas. Un hogar no es un aula ni una escuela en el sentido físico, ni la fe se forma usando los mismos métodos de enseñanza que en matemáticas o ciencias. Es de vital importancia para la Iglesia local retomar la postura de que "los padres son los primeros responsables de la educación de sus hijos" (*CIC*, #2223).

Un programa catequético fuerte no puede reemplazar las lecciones de fe aprendidas dentro de la familia, pero puede ser una estructura de apoyo. Los abuelos pueden ser de gran apoyo ya que aprovechan su propia fe para reforzar los esfuerzos de los padres y/o representarlos en el tema de la formación en la fe. A veces, dentro de la familia, las heridas emocionales deben curarse para que la fe crezca. No es extraño que los individuos heridos por dinámicas familiares tengan dificultad para aceptar a Dios como un Padre amoroso, o a hermanos como hermanos del corazón.

Dado el ajetreo de la vida moderna, los programas catequéticos necesitan ir al encuentro de las familias donde ellas se hallen. Esto puede requerir creatividad y flexibilidad en cuanto a horario, lugar y formato. Hoy, posibles vehículos para el trayecto incluyen encuentros en línea y/o fuera del edificio de la parroquia, participación en aprendizaje sobre el servicio y el uso de recursos multimedia. El enfoque intergeneracional (también denominado comunidad total o catequesis familiar) es prometedor ya que puede brindar algo que muchas familias quieren: oportunidades planificadas para pasar juntos tiempo de calidad mientras crecen en la fe.

Para reflexionar y conversar

- Cuando eras más joven, ¿qué representaciones de fe encontrabas en los hogares de tu familia y amigos?
- En silencio, reflexiona acerca de las personas en tu vida que fueron ejemplo de discipulado cristiano. ¿Dónde estabas? ¿Qué edad tenías? Recuerda las distintas situaciones: sentado a la mesa o en la sala, yendo en auto o caminando juntos. Recuerda a las personas en el aula, en el trabajo, en algún retiro o en la iglesia. Trata de resumir en una palabra una característica de cada persona que te recuerde a Jesús. Agradécele a Dios por ayudarte a recordar estas experiencias y reza por esas personas.

Madurar como líder catequético

¿Cómo estás reforzando la visión de la iglesia doméstica en la parroquia o en el entorno catequético? La hora de la comida y las charlas en el auto son oportunidades integradas. Para algunas familias, hacer todo el esfuerzo posible para asistir a misa juntos con regularidad puede ser un buen comienzo. Además, las familias pueden aprender a practicar el sabbat en el sentido judío: esto significa que se dispone de un tiempo ininterrumpido para descansar y jugar juntos.

El líder catequético eficaz

CONFERENCIA NACIONAL LIDERAZGO CATEQUÉTICO LOYOLAPRESS.

Conectar, despertar y compartir

Llegar a las familias es una prioridad para los líderes catequéticos, pero ¿cuál es la mejor manera de lograrlo? Como siempre, recurrimos a Jesús y buscamos imitar la manera en que él llegaba a las personas. En resumen, Jesús difundía la Buena Nueva utilizando tres pasos: **conectar, despertar** y **compartir.** Piensa en cómo llegar a quienes sirves, integrando estos tres pasos cada vez que reúnas a las familias para la formación de la fe.

CONÉCTATE

"Mientras [Jesús] paseaba junto al lago de Galilea, vio a dos hermanos —Simón, llamado Pedro, y Andrés, su hermano— que estaban echando una red al lago, pues eran pescadores. Les dice: 'Vengan conmigo y los haré pescadores de hombres'. De inmediato dejaron las redes y le siguieron". (Mateo 4:18–20)

Jesús se conectaba con las personas justo donde ellas se encontraban. Los encontraba en el terreno de ellos. Entraba por "la puerta de ellos". Como líder catequético, puedes **CONECTARTE** con las familias de las siguientes maneras:

- motivándolas a contar anécdotas sobre el modo en que les transmitieron la fe;
- conectándote con el profundo amor que tienen por sus hijos y su deseo de que sus hijos tengan las herramientas que necesitan para llevar una vida exitosa;
- reconociendo respetuosamente que cada persona tiene su manera distinta de llegar a la fe y
- prestando atención al poder y a las señales del Espíritu Santo.

DESPIERTA

"Se dijeron uno al otro: '¿No sentíamos arder nuestro corazón mientras nos hablaba por el camino y nos explicaba la Escritura?'". (Lucas 24:32)

Jesús sabía cómo despertar las ansias y los deseos más profundos de las personas. Sabía cómo tocar y encender su corazón. Como líder catequético, puedes **DESPERTAR** a las familias:

- ayudando a los padres a ver que la vida familiar es su sendero espiritual;
- haciendo posible que los padres se concentren en la forma en que Dios ya está presente y activo en la vida de su familia;
- dejando que los padres "miren con sus propios ojos" la santidad inherente de su vida cotidiana y
- animando a los padres a profundizar su propia fe y su relación.

COMPARTE

"Porque donde hay dos o tres reunidos en mi nombre, yo estoy allí, en medio de ellos". (Mateo 18:20)

Jesús entendía el poder de reunirse con otras personas y compartir comida e historias. Como líder catequético, puedes invitar a las familias a **COMPARTIR:**

- creando un ambiente de apoyo;
- compartiendo tus propias historias, creencias y la razón de tu alegría;
- ofreciendo abundantes oportunidades, en un ambiente seguro, para que los padres reflexionen, y celebren lo que han llegado a saber y creer mediante sus experiencias de Dios en su vida y
- brindando a los padres el vocabulario para articular su experiencia interior de fe y siendo ejemplo de este comportamiento.

Todo el pueblo de Dios: catequesis eficaz en una Iglesia diversa — Capítulo 4

Tal vez hayas experimentado, o conozcas diversas maneras de ayudar a que las familias celebren los tiempos litúrgicos. ¿Cómo podrías ayudarlas a infundir fe también en las fiestas "seculares"? Por ejemplo, ¿cómo podrían las familias integrar prácticas de fe cuando celebran cumpleaños, mientras están de vacaciones o en los días festivos? Las prácticas espirituales no tienen que ser complicadas, pero es fundamental el compromiso de quienes encabezan la familia.

Visita www.loyolapress.com/lce para acceder a la hoja de ejercicios.

Acción sugerida

Reflexiona sobre tus experiencias en un espacio sagrado dentro de tu hogar. O crea un espacio que te invite a pasar preciosos momentos conversando con Dios. Reflexiona acerca de tus experiencias allí como modelo para las familias a las que sirves. Invita a padres, abuelos y padrinos a una sesión durante la cual conversen sobre la idea de una iglesia doméstica. Pide a los miembros del grupo que compartan recuerdos o experiencias que hayan tenido en lugares sagrados de su hogar. Resiste la tentación de dar una charla o entregar información sobre el tema. Más bien, incentiva una charla que abra la puerta para visualizar espacios sagrados en sus hogares e iniciar o continuar prácticas familiares de fe. ¿En qué lugar del hogar podría dedicarse un espacio a la oración? ¿Cómo se vería ese ambiente? ¿Quién pasaría tiempo allí? ¿ Podrían los miembros de la familia usarlo para la oración individual o para reunirse a ciertas horas?

Recursos adicionales

En español

Azevedo de Oliveira, Isabel: *Catequesis intergeneracional. Retos y propuestas para comunidades y familias*. Madrid: PPC, 2005.

Egan, Gerard: *El orientador experto. Modelo para la ayuda sistemática y la relación interpersonal*. Belmont, CA: Brooks/Cole, 2013.

McGrath, Tom: *Educando hijos en la plenitud de la fe. Oportunidades ordinarias para nutrir la espiritualidad del hogar*. Chicago, IL: Loyola Press, 2000.

Papa Francisco: *Amoris Laetitia* (La alegría del amor). Anté-Matière, 2016.

Varios autores: *Pastoral de la familia*. Madrid: PPC.

En inglés

The Great Emergence: How Christianity Is Changing and Why [El gran surgimiento: Cómo y por qué está cambiando el cristianismo]. Phyllis Tickle (Grand Rapids, MI: Baker Books, 2008, 2012).

Reimagining Faith Formation for the 21st Century: Engaging All Ages and Generations [Reimaginar la formación en la fe para el siglo XXI: Cómo involucrar a todas las edades y generaciones]. John Roberto (Naugatuck, CT: Lifelong Faith Associates, 2015).

Will There Be Faith? A New Vision for Educating and Growing Disciples [¿Habrá fe? Una nueva visión para educar y formar discípulos]. Thomas H. Groome (Nueva York, NY: HarperOne, 2011).

5

Fe para mayores: la catequesis para adultos

Cariño, muy pronto serás adulto

"Espera a que seas mayor. . ." o "Cuando yo crezca. . .". Diálogos así entre padres e hijos vienen sucediendo desde hace generaciones. Hay niños que no ven la hora de crecer y otros que secretamente siguen los pasos de Peter Pan. Algunos jóvenes parecen deslizarse naturalmente hacia la vida adulta, mientras que otros llegan con un aterrizaje complicado. No importa cómo lleguemos allí, la adultez sigue siendo una época importante para seguir nutriendo nuestra fe.

En su libro *Reimagining Faith Formation for the 21st Century: Engaging All Ages and Generations* [Reimaginar la formación en la fe para el siglo XXI: Cómo involucrar a todas las edades y generaciones], John Roberto describe la época adulta como algo que comprende cinco generaciones. Presenta el argumento de que la formación eficaz en la fe forjará un plan para diez décadas de la vida humana y brinda recomendaciones detalladas sobre cómo lograrlo. Roberto enfatiza que no existe un enfoque igual para todos. Después de todo, la formación en la fe para adultos logrará el resultado deseado solo si responde a las necesidades cambiantes de personas en transición, y a menudo sobrecargadas, entre los veinte y los noventa años.

La adultez puede examinarse y entenderse como un largo viaje hacia el horizonte interrumpido por intersecciones importantes e inesperados desvíos. En cada etapa del viaje —la primera adultez, la mediana edad, la madurez y la vejez— emergen claros marcadores físicos, cognitivos, emocionales y espirituales. Prepárate para usar las direccionales, de ser necesario, porque cada punto crítico presenta nuevas oportunidades y desafíos para el desarrollo espiritual. Examinaremos la primera etapa, la primera adultez, en el capítulo 6. Concentrémonos ahora en las personas que tienen raíces más profundas en el terreno de los adultos.

Tres fotografías de la edad adulta

Mediana edad: olvídate del control de velocidad

Los adultos de cuarenta y cincuenta años han obtenido logros personales y profesionales. A esta altura, amigos, conocidos y seres queridos han muerto, y muchos se han enfrentado a sus propios problemas graves de salud. Las personas de mediana edad se dan cuenta de que hay más cosas que hacer en la vida, pero también quizás consideren que están en la mitad de su existencia. Esta situación estimula la autoevaluación y los cambios en la ruta. Los adultos entre cuarenta y cincuenta y cinco años evalúan sus relaciones importantes, la vida laboral, la salud, las finanzas, los errores y los sueños no cumplidos. Las cuestiones de identidad y propósito ahora giran alrededor de sus relaciones con los demás. En consecuencia, le prestan muchísima atención al hecho de dejar un legado y a la creatividad, que es lo opuesto al estancamiento. Se preguntan: "¿Cuál es el significado de mi vida? ¿Qué recuerdos de mis contribuciones y sacrificios se recordarán después de mi muerte?".

Para muchas personas de mediana edad, el próximo paso implica un mayor liderazgo o responsabilidad como administradores, consultores y mentores. Cognitivamente, tienen una mayor capacidad para reconciliar diferencias y percibir una situación desde múltiples puntos de vista. Así, se ven forzadas, en diferentes puntos, a participar en un aprendizaje y una búsqueda interior más profundos. Cada vez cuidan más de los demás: muchas se han convertido en la red de protección de padres ancianos, hijos adultos y/o nietos. Al mismo tiempo, la calidad de vida después de la jubilación es una gran preocupación. Espiritualmente, este recodo en el camino conduce a algunos adultos de mediana edad a la oración contemplativa, a la introspección y a una voluntad de entrar más de lleno en los misterios de la fe.

Los años de madurez. . . o los sesenta de ahora son los. . .

A los sesenta y setenta, los adultos llegan a un nivel de desarrollo emocional, intelectual y físico que puede denominarse "maduro". ¡Pero no los llames "viejos"! Estos adultos todavía quieren ejercer su independencia, mantener una buena salud y disfrutar tanto del compañerismo como de la intimidad.

Tratan de usar los recursos con sabiduría. La conciencia de sí mismos que han logrado por medio de distintas lecciones de vida les despierta el deseo de enriquecer su vida con actividades y personas que les provocan alegría y satisfacción. Por ejemplo, puede que dediquen tiempo a estar en la naturaleza, adoptar pasatiempos, y/o pasar tiempo de calidad con los demás.

Los ancianos: nuestros mayores sabios

Los adultos de más de setenta y cinco años son un grupo que está creciendo rápidamente, ya que las personas viven más. Este grupo etario es casi dos veces mayor que el número de adolescentes en los Estados Unidos, dice Janet Schaeffler en *Seasons of Adult Faith Formation* [Las etapas de la formación en la fe para adultos] (Lifelong Faith Associates,

2015). Muchas organizaciones, como la AARP (American Association of Retired Persons) [Asociación Estadounidense de Personas Jubiladas] han hecho mucho para estimular la dignidad y la imagen de los ancianos.

Prefiero utilizar el término *mayor* para este grupo etario: un término cultural que connota sabiduría. La sociedad obtiene beneficios intangibles de la presencia de los mayores. Asimismo, los mayores prosperan cuando están conectados con otros en distintas formas de comunidad. La catequesis intergeneracional permite que los miembros de la comunidad crezcan de forma diferente, pero juntos. Aprovechar esta interdependencia tiene el potencial de fortalecer a las familias, a la Iglesia y a la sociedad.

En esta etapa de la vida, hay diversos cambios físicos que son obvios. Dorothy Linthicum, una escritora que contribuyó en el libro *Seasons of Adult Faith Formation*, señala que los ancianos son muy conscientes de las pérdidas personales: la muerte de un cónyuge, la pérdida del oído y la vista, el desgaste de las articulaciones y el deterioro de la memoria. Probablemente han disminuido las responsabilidades familiares, pero la "lista de cosas por hacer antes de morir" de un anciano puede no haberse agotado. Surgen nuevas preguntas: "Mi espíritu puede estar dispuesto, pero ¿puede soportarlo mi cuerpo? Cuando olvido algo, ¿es una laguna en mi memoria o una señal de demencia?". Comienzan a surgir indicios frecuentes de vulnerabilidad: cuidarse de no caerse, evitar la fatiga, recordar tomar las medicaciones y pagar las cuentas. Puede que no reciban tantos abrazos como los niños, pero aún aprecian el acercamiento y el afecto de los demás.

Las personas de ochenta años están mirando hacia el otro lado de la calle y hacia el más allá, aún más que algunos años antes. Quienes han experimentado una vida de fe activa duradera tienden a buscar mayor desarrollo espiritual. Algunos dicen que rezan más a menudo, para presentarle sus preocupaciones a Dios, anticipando la respuesta de un buen consejo y una palabra de consuelo. Los estudios indican también que los ancianos que no estuvieron cerca de Dios en las etapas anteriores de la vida son menos proclives a recurrir a la Iglesia en busca de orientación. Aún así, el dicho sobre perros viejos y nuevos trucos no se aplica a los humanos.

Principios y enfoque del aprendizaje para adultos

Es importante para nosotros, como líderes catequéticos, ser conscientes de cómo aprenden los adultos. Para que los adultos aprendan eficazmente, hay que respetar los siguientes principios:

- Los adultos tienen iniciativa propia: se resisten a que les impongan ideas.
- Los adultos traen consigo experiencias de vida que deben ser respetadas.
- Los adultos están orientados hacia los objetivos: aprenden para sobrellevar las transiciones de la vida y quieren aplicar lo que aprenden inmediatamente.
- Los adultos exigen relevancia y sentido práctico, y necesitan asumir responsabilidades.
- Los compromisos de tiempo que tienen los adultos deben respetarse.
- Los adultos aprenden mejor en un contexto relacional, interactivo y conversacional.
- ¡A los adultos les gusta reírse!

La formación en la fe para adultos es más eficaz cuando adopta diversas formas y géneros diferentes, por así decirlo, y evita parecer o sentirse como si se volviera a la escuela. Cuando planifiques oportunidades para la formación en la fe para adultos, considera una variedad de opciones: entre ellas, peregrinaciones locales, grupos de lectura de libros, relaciones de mentores, pequeños grupos para compartir la fe, iniciativas de aprendizaje en línea, un canal de YouTube con videos de calidad sobre la formación en la fe, catequesis en reuniones parroquiales ya existentes y oportunidades de servicio, entre otras.

Hagas lo que hagas, piensa en ideas no convencionales, o al menos fuera del aula. No te bases solo en dar clases y ayuda a que las personas hablen entre sí. De la misma manera, cuando se trate de formación en la fe para adultos, asegúrate de que tus contribuciones se centren en la vida y las necesidades cotidianas de las personas. Tenemos la costumbre de invitar a los adultos a participar en temas que son muy "de iglesia" en lugar de invitarlos a entrar en contacto con sus esperanzas, sueños, alegrías y luchas, y a reconocer allí a Dios. En su libro *A Church on the Move* [Una Iglesia en movimiento] (Loyola Press, 2016), Joe Paprocki ofrece la siguiente lista de temas "de la vida":

- celebrar la vida
- superar momentos difíciles
- soltar lo que no es útil
- sobrellevar el cambio
- vivir heroicamente
- encontrar tu fuente de energía
- desarrollar una sabiduría más profunda
- descubrir la valentía
- comunicarse con los demás
- vivir una vida más significativa
- asumir el sufrimiento
- convertirse en una persona más amorosa
- convertirse en una persona más altruista
- aprender del fracaso [v.d.t.]

Por último, las razones para reunir a personas adultas para la formación en la fe no tienen que ser siempre "profundas". Piensa en organizar reuniones para compartir la fe relacionadas con pasatiempos como caminar, correr, pescar, hacer jardinería o carpintería, pintar, ir al teatro, acampar, hacer senderismo, tomar fotografías, cocinar, entre otras. No existe una regla que diga que la formación en la fe para adultos tenga que ser formal. Las reuniones sobre temas divertidos y pasatiempos pueden servir como una excelente forma de preevangelización, una manera de invitar a las personas a probar la forma de vida católica sin ser intimidadas con temas altamente doctrinales.

¡Existe un modo dinámico de formación en la fe para adultos!

¿Has asistido a un congreso catequético o a alguna otra promoción de programas parroquiales últimamente? De ser así, es posible que hayas notado una fuerte presencia de programas catequéticos para la juventud; no tanto para los adultos. Pero si buscamos en lugares menos visibles, encontraremos que se existe una catequesis "poco convencional" para adultos. Hay grupos que se reúnen regularmente en cafés, en bares (*Theology on Tap* [Barril de Teología]) y en casas para estudiar la Biblia o aprender lo que la Iglesia enseña sobre un determinado tema.

Hay abundantes recursos disponibles en todos los formatos posibles que ayudan a los adultos a crecer en la madurez espiritual. Esto incluye una gran cantidad de materiales en línea, así como redes híbridas de aprendizaje presencial/virtual. La cantidad de recursos catequéticos puede resultar abrumadora sin la ayuda de "conocedores", es decir, personas que tienen la habilidad de identificar buenos materiales para necesidades particulares. A menudo, quienes participan del proceso de aprendizaje brindan esta ayuda o la complementan con recomendaciones personales y compartiendo enlaces de medios digitales que les resultan útiles.

¿Por qué concentrarse en los adultos ahora?

Hay innumerables ejemplos de programas catequéticos juveniles saludables. Sin embargo, es cada vez más obvio que una buena catequesis para jóvenes no garantiza adultos bien formados. Al mismo tiempo, los estudios sobre religiosidad generacional indican que la catequesis eficaz para adultos aumenta la probabilidad de que los jóvenes sigan esos pasos.

La formación catequética de los adultos es esencial para que la Iglesia lleve a cabo el compromiso de Cristo de hacer discípulos. Esta necesidad se aborda claramente en el *Directorio Nacional para la Catequesis*:

> "La catequesis de los adultos 'es la forma principal de la catequesis porque está dirigida a las personas que tienen las mayores responsabilidades y la capacidad de vivir el mensaje cristiano bajo su forma plenamente desarrollada. . . En razón de su importancia, y porque de cierta manera todas las otras formas de catequesis están orientadas hacia ella, la catequesis de adultos debe tener prioridad en todos los niveles de la Iglesia' (*DNC*, #48A)."

Un desafío fundamental para los líderes catequéticos es reconsiderar las maneras de facilitar la madurez espiritual en los discípulos adultos. Impartir conocimientos es un factor importante, pero no es lo principal. La catequesis eficaz para adultos penetrará la mente, pero su destino es el corazón.

El autor Tom Zanzig recomienda que "quienes trabajen en catequesis para adultos eviten el error de concentrarse mucho más en la transmisión de contenido que en la transformación de las personas" [v.d.t.] (*Seasons of Adult Faith Formation* [Las etapas de la formación en la fe para adultos]). Asimismo, en las palabras de san Pablo: "No se acomoden a este mundo, por el contrario transfórmense interiormente con una mentalidad nueva, para discernir la voluntad de Dios, lo que es bueno y aceptable y perfecto" (Romanos 12:2). ¡La formación en la fe debe conducir a la *trans*formación del corazón!

La diversidad en la fe: católica, ecuménica e interreligiosa

Por último, sería un descuido de nuestra parte si al hablar de adultos no consideráramos las realidades del diálogo ecuménico e interreligioso. En las familias complejas de hoy, a menudo viven bajo un mismo techo personas de diferentes credos. Lamentablemente, hay una tendencia a considerar el espectro de diversas creencias religiosas a la luz del común condicionamiento social que advierte: "Evita hablar de religión en público". La información errónea y la falta de tolerancia sobre las creencias religiosas de los demás no solo nos polarizan aún más, sino que además crean un obstáculo para la evangelización. Con la edad y la experiencia, los adultos maduran en su habilidad de reconciliar perspectivas diferentes, y hasta opuestas. La Iglesia enseña que Dios desea armonía y respeto mutuo entre las personas de todos los credos. Una revelación significativa del Concilio Vaticano Segundo fue el estímulo de la Iglesia para participar en el diálogo ecuménico e interreligioso. Thomas Groome está de acuerdo:

> El desafío no consiste solo en aprender acerca de otras religiones [. . .] Necesitamos educación religiosa que les permita a las personas [. . .] "sobrepasar los límites" hacia tradiciones distintas de las propias con apertura para que aprender de ellas contribuya a su propia fe. Es allí cuando y donde emerge el verdadero entendimiento, que nos permite movernos más allá de la tolerancia y apreciar tradiciones religiosas que son realmente "otras" distintas de las "nuestras" [v.d.t.] (*Will There Be Faith? A New Vision for Educating and Growing Disciples* [¿Habrá fe? Una nueva visión para educar y formar discípulos], 80).

Así como con la inculturación, esta apertura para entender diferencias con respeto mutuo profundiza, y no disminuye, el propio desarrollo espiritual.

Nuestra sociedad refleja una gran diversidad religiosa. Esta pluralidad incluye fuerzas que malinterpretan y menosprecian la fe en cualquiera de sus formas. Es fundamental que los cristianos conozcan a Jesús: no lo que otros dicen sobre él, sino que *conozcamos a Jesús por nuestra propia cuenta*. Asimismo, es importante que quienes profesan ser católicos conozcan y comprendan la enseñanza y la Tradición auténtica de la Iglesia. ¡Fomentar la misión de Cristo depende de esto! La clave para la armonía entre personas de diferentes credos no es evitar hablar del tema, sino participar en el diálogo con la mente abierta y con un entendimiento bueno y sólido de tu propia tradición de fe.

La misión en el mundo: la enseñanza social católica

Como se mencionó en el capítulo 3, en los Estados Unidos existe una cultura individualista. Dada esa orientación y las innumerables comodidades materiales, los estadounidenses nadan en una cultura que es competitiva, materialista y cada vez más secular. Los cristianos en la tierra de la abundancia pueden ser comparados con el conocido rico que intenta entrar en el Reino de Dios: es más fácil que un camello pase por el ojo de una aguja, dijo Jesús (ver Lucas 18:25). Pero una catequesis eficaz para adultos puede ayudar a quienes desean nadar contra la corriente que los atrae hacia la muerte espiritual.

> "La catequesis exhorta a un aprendizaje en la vida cristiana que se basa en las enseñanzas de Cristo sobre la vida comunitaria. Debe alentar un espíritu de simplicidad y humildad, una preocupación especial por los pobres, un cuidado especial para los alienados, un sentido de corrección fraternal, oración común, perdón mutuo, y un amor fraterno que aglutine todas estas actitudes. La catequesis anima a los discípulos de Jesús a hacer que su conducta diaria sea un testimonio brillante y convincente del Evangelio" (*DNC*, #20.5).

La participación de adultos en la formación, las actividades y las experiencias inspiradas en los principios de la enseñanza social católica puede ser una forma eficaz de transformar el corazón y la mente de las personas. Por ejemplo, solicitar donaciones para mantener el banco de alimentos de la parroquia es admirable. Pero encontrar familias con necesidades y trabajar con la iglesia local u organizaciones comunitarias para abordar el origen del hambre en la zona es algo que toca el corazón de quienes dan y quienes reciben asistencia. Los principios de la enseñanza social católica son:

- **La dignidad de la persona:** somos llamados a preguntarnos si nuestras acciones como sociedad respetan o amenazan la vida y la dignidad de la persona.
- **El llamado a la familia, a la comunidad y a la participación:** somos llamados a apoyar a la familia —la principal institución social— para que las personas puedan participar en la sociedad, fomentar un espíritu de comunidad y promover el bienestar común.
- **Los derechos y deberes:** somos llamados a proteger los derechos que tienen todas las personas a aquellas cosas necesarias para una vida humana decente, como comida, vestimenta y vivienda.
- **La opción por los pobres e indefensos:** somos llamados a prestar especial atención a las necesidades de los pobres.
- **La dignidad del trabajo y los derechos de los trabajadores:** somos llamados a proteger los derechos elementales de los trabajadores: el derecho a participar en el trabajo productivo, a una remuneración justa, a la propiedad privada y al derecho a organizarse, a unirse a sindicatos y buscar oportunidades económicas.
- **La solidaridad:** somos llamados a reconocer la solidaridad porque Dios es nuestro Padre, todos somos hermanos, con la responsabilidad de cuidarnos unos a otros.

- **El cuidado por la creación de Dios:** somos llamados a cuidar de todo lo que Dios ha creado.

Catequesis en un lugar diferente

Si la catequesis trata de la formación continua de discípulos en Jesucristo, ¿dónde se comienza con los adultos? ¿Qué es necesario, relevante y deseable para adultos con muchas funciones y responsabilidades simultáneas? ¿Cuáles son las necesidades espirituales de padres y tutores legales, de ciudadanos, de estudiantes, de los desempleados o subempleados? ¿Cómo se benefician los artistas, defensores, mentores, entrenadores y líderes empresariales de una vida activa de oración e íntima relación con Dios?

Como líder catequético, dedica tiempo a evaluar las oportunidades para un crecimiento espiritual continuo e integrado en tu parroquia o programa. Los programas y estructuras existentes, ¿satisfacen las necesidades de padres, abuelos, parejas comprometidas y personas viudas? ¿Hay programas que atraigan a adultos con hijos ya grandes que dejaron el hogar o que no tengan hijos? ¿Hay algo que satisfaga los intereses espirituales de quienes están ocupados y de quienes tienen tiempo de sobra? La formación no siempre sucede ni es la mejor mediante un curso. La participación en el servicio y la comunidad, en ministerios parroquiales, pequeños grupos de conversación, retiros, conferencias y peregrinaciones son algunas de las modalidades que pueden llevar a los adultos a un encuentro más profundo con lo divino.

Los adultos generalmente saben qué quieren aprender y qué métodos les funcionan. A menudo, los adultos mayores prefieren la comunicación cara a cara, mientras que los jóvenes adultos se desempeñan muy bien trabajando en línea en pijamas. La reflexión teológica atraerá a algunos adultos y no a otros. Algunos individuos establecerán una conexión con la fe aprendiendo sobre temas que afectan a la comunidad y desarrollando respuestas a la luz del Evangelio y la enseñanza social católica. Muchos adultos quieren aprender cómo rezar.

En *Reimagining Faith Formation for the 21st Century* [Reimaginar la formación en la fe para el siglo XXI], John Roberto señala que la catequesis ocurre en un lugar diferente en la actualidad. Ha pasado de las instituciones educativas a las redes, de las aulas a una variedad de lugares físicos y virtuales, disponibles a toda hora del día. Sostiene que los principales mecanismos y las expectativas básicas de la catequesis cambiaron "del consumo al aprendizaje participativo" [v.d.t.].

Estos cambios no son solo cosméticos. Hay cambios radicales (de raíz), causados por una revolución silenciosa mientras nuestra vista estaba fija en la dirección opuesta: el pasado. El líder catequético eficaz está recalibrando el medidor para satisfacer estas necesidades y expectativas.

Seguir el liderazgo de Jesús

La tecnología ha cambiado, pero el mensaje del Evangelio es inmutable. Para entender las "nuevas" funciones en la empresa del aprendizaje, estudia el enfoque de enseñanza que utilizó Jesús. A continuación, un ejemplo del Evangelio según san Juan.

Un día cualquiera, mientras se acercaba a Samaría, Jesús eligió un camino diferente. En lugar de rodear la zona prohibida, Jesús entró al pueblo. Allí, conoció a una mujer que fue receptiva a un encuentro personal y transformador con el Mesías. No apresuraron la conversación, ni tampoco perdieron el tiempo con una charla ociosa. Jesús pasó por encima de varias barreras de prejuicio cultural: género, etnia, religión. Con persistencia llevaba el diálogo teológico hacia las preocupaciones y necesidades de ella. Hablando con autoridad y amor, Jesús guio a la mujer samaritana hacia una nueva conciencia de sí misma. Tan significativo fue este encuentro que muchos llegaron a creer en quien era enviado por el Padre (ver Juan 4:4–42).

¡Qué sorprendentes serían las parroquias y las comunidades si los discípulos adultos se abrieran a una continua conversación con el Señor! En su libro *Will There Be Faith? A New Vision for Educating and Growing Disciples* [¿Habrá fe? Una nueva visión para educar y formar discípulos], Thomas Groome resume la pedagogía (estilo de enseñanza) de Jesús:

- Comienza con la vida de las personas. (Jesús consideró la realidad actual de la mujer).
- Alienta sus propias reflexiones. (Jesús le pidió que pensara en su vida de un modo totalmente distinto).
- Enseña el Evangelio con autoridad. (Jesús habló con integridad, desde Dios, como la fuente de la verdad).
- Invítalos a ver a Jesús por sí mismos. (Jesús ayudó a que la mujer viera quién era él en realidad).
- Aliéntalos a practicar su fe como discípulos. (Jesús le dio una nueva vida y ella quiso compartirla con los demás).

Resumen: Señor, danos esta agua de vida

Le contestó Jesús: "El que bebe de esta agua vuelve a tener sed; quien beba del agua que yo le daré no tendrá sed jamás, porque el agua que le daré se convertirá dentro de él en manantial que brota dando vida eterna". Le dice la mujer: "Señor, dame de esa agua, para que no tenga sed y no tenga que venir acá a sacarla". (Jn 4:13–15)

Las palabras con las que Jesús le habló a la mujer samaritana en el pozo son las mismas palabras con las que nos habla ahora: "quien beba del agua que yo le daré no tendrá sed jamás, porque el agua que le daré se convertirá dentro de [ellos] en manantial que brota dando vida eterna". Por más que nos esforcemos, la semilla de la fe crece no solo por medio de nuestro poder y creatividad, sino mediante la iniciativa de Dios, por el poder del Espíritu Santo. En estas verdades está lo más importante de la catequesis para adultos:

> En el centro de todo lo que somos y hacemos como Iglesia, está la revelación de una gran Buena Nueva: Dios es amor, y nos ha hecho para gozar de vida divina en abundancia, para compartir la misma vida de Dios, una comunión con la Santísima Trinidad en conjunto con todos los santos en la nueva creación del reino de Dios.
>
> La fe, don de Dios, es nuestra respuesta humana a ese llamado divino. Es una "adhesión personal del hombre a Dios; [. . .] y el asentimiento libre a toda la verdad que Dios ha revelado". Por medio de búsqueda y crecimiento, conversión de mente y corazón, arrepentimiento y reforma de vida, Dios nos lleva a rechazar la ceguera del pecado y a aceptar la gracia salvadora de Dios, su verdad liberadora, y su amor fortalecedor para nuestra propia vida y para toda la creación (*Sentíamos arder nuestro corazón*, USCCB, 1999).

Para reflexionar y conversar

- Con tu equipo catequético, habla de los cambios que has hecho en tu enfoque del ministerio catequético para adultos durante los últimos cinco años. En tu reflexión, considera tres aspectos:
    - Cómo piensas acerca del trabajo/ministerio con adultos.
    - Tus métodos de enseñanza.
    - Las expectativas que tienes de las personas a quienes catequizas.

- Pide a cada uno que haga un dibujo de sí mismo en un contexto catequético de hace tres a cinco años, y luego otro dibujo de sí mismo hoy en la capacitación catequética. Compara los dos dibujos. Identifica los cambios sustanciales.

Madurar como líder catequético

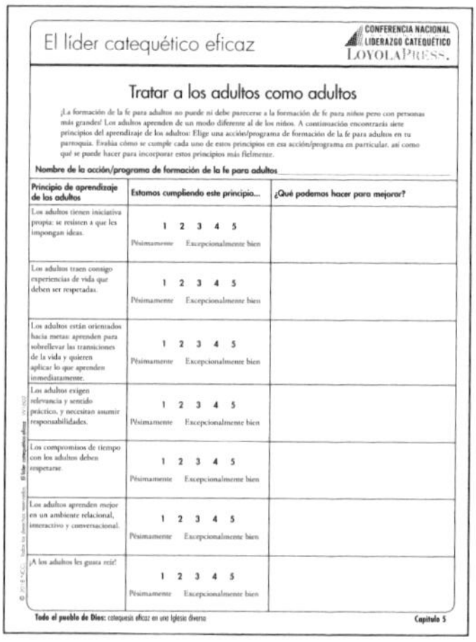
El líder catequético eficaz

CONFERENCIA NACIONAL LIDERAZGO CATEQUÉTICO LOYOLAPRESS.

Tratar a los adultos como adultos

¡La formación de la fe para adultos no puede ni debe parecerse a la formación de fe para niños pero con personas más grandes! Los adultos aprenden de un modo diferente al de los niños. A continuación encontrarás siete principios del aprendizaje de los adultos: Elige una acción/programa de formación de la fe para adultos en tu parroquia. Evalúa cómo se cumple cada uno de estos principios en esa acción/programa en particular, así como qué se puede hacer para incorporar estos principios más fielmente.

Nombre de la acción/programa de formación de la fe para adultos ______

Principio de aprendizaje de los adultos	Estamos cumpliendo este principio...	¿Qué podemos hacer para mejorar?
Los adultos tienen iniciativa propia: se resisten a que les impongan ideas.	1 2 3 4 5 Pésimamente Excepcionalmente bien	
Los adultos traen consigo experiencias de vida que deben ser respetadas.	1 2 3 4 5 Pésimamente Excepcionalmente bien	
Los adultos están orientados hacia metas: aprenden para sobrellevar las transiciones de la vida y quieren aplicar lo que aprenden inmediatamente.	1 2 3 4 5 Pésimamente Excepcionalmente bien	
Los adultos exigen relevancia y sentido práctico, y necesitan asumir responsabilidades.	1 2 3 4 5 Pésimamente Excepcionalmente bien	
Los compromisos de tiempo con los adultos deben respetarse.	1 2 3 4 5 Pésimamente Excepcionalmente bien	
Los adultos aprenden *mejor* en un ambiente relacional, interactivo y conversacional.	1 2 3 4 5 Pésimamente Excepcionalmente bien	
¡A los adultos les gusta reír!	1 2 3 4 5 Pésimamente Excepcionalmente bien	

Todo el pueblo de Dios: catequesis eficaz en una Iglesia diversa — **Capítulo 5**

¿Eres un adulto joven, de mediana edad, maduro o mayor? De acuerdo al año de tu nacimiento, ¿cuál es tu generación: *Baby Boomer*, Generación X, Milenial o Constructor? ¿Te identificas con ese nombre o no? Al margen de todo eso, ¿de qué edad te sientes?

Como sucede con la maduración física, el desarrollo espiritual fluctúa: a veces crece con fuerza, otras veces parece dormido. La metáfora de las cuatro etapas de la vida capta solo parcialmente las transiciones que se experimentan en la adultez. La manera en que cada persona pasa por las etapas está influenciada por muchos factores —la generación, la cultura, las relaciones familiares, las "cosas" que simplemente suceden en el trayecto— y todo esto determina nuestra perspectiva y respuesta al ofrecimiento de vida abundante que nos hace Dios.

La conciencia de nuestra posición actual en el trayecto tiene el potencial de generar nueva empatía con respecto a los desafíos que enfrentan otros adultos hoy. ¿Dónde estás en el espectro de la adultez? ¿Cómo describirías la etapa en la que estás hoy? ¿Estás creciendo espiritualmente o en este momento tu espíritu está hibernando? ¿Cuál es la evidencia de ese crecimiento o estado latente? ¿Qué prácticas espirituales o formas de oración en particular está utilizando Dios en esta etapa para atraerte hacia él?

Visita www.loyolapress.com/lce para acceder a la hoja de ejercicios.

Acción sugerida

Fíjate en las maneras específicas en las que la catequesis para adultos puede preparar a los católicos para vivir en comunidad y participar activamente en la vida y misión de la Iglesia. ¿Cómo podría ajustarse tu programa catequético eficaz actual de adultos para generar más compañeros de trabajo en la viña de Dios, que cultiven un compromiso activo con el servicio, la justicia, el cuidado de la creación, el fomento de la paz y todos los aspectos de la promoción de una cultura de vida?

Recursos adicionales

En español

Barghiglioni, Egidio, Barghiglioni, Mariella, et al.: *Adultos en la comunidad cristiana.* Santander: Sal Terrae, 2011.

Catecismo Católico de los Estados Unidos para los Adultos. Conferencia de Obispos Católicos de los Estados Unidos, 2007.

Navarro Castellanos, P. Alfonso: *Están en el mundo. Catequesis de adultos.* Buenos Aires: Editorial Claretiana, 2014.

Sentíamos arder nuestro corazón. Washington, DC: Conferencia de Obispos Católicos de los Estados Unidos, 1999.

En inglés

A Concise Guide to Adult Faith Formation [Guía concisa para la formación en la fe para adultos]. Neil Parent (Notre Dame, IN: Ave Maria Press, 2009).

Reimagining Faith Formation for the 21st Century: Engaging All Ages and Generations [Reimaginar la formación en la fe para el siglo XXI: Cómo involucrar a todas las edades y generaciones]. John Roberto (Naugatuck, CT: Lifelong Faith Associates, 2015).

The Seasons of Adult Faith Formation [Las etapas de la formación en la fe para adultos]. John Roberto, ed. (Naugatuck, CT: Lifelong Faith Associates, 2015).

Toward an Adult Church: A Vision of Faith Formation. [Hacia una Iglesia adulta: Una visión de la formación en la fe]. Jane Regan (Chicago, IL: Loyola Press, 2002).

Will There Be Faith? A New Vision for Educating and Growing Disciples [¿Habrá fe? Una nueva visión para educar y formar discípulos]. Thomas H. Groome (Nueva York, NY: HarperOne, 2011).

6

Joven, no adolescente: la catequesis y los jóvenes adultos

¿Consideramos que dos ingredientes en un café son una sola sustancia?

Los adolescentes y los jóvenes adultos están casi siempre relacionados en el idioma del ministerio pastoral. Se habla de estos dos grupos como de uno solo, pero definitivamente tienen diferentes identidades. En un hilo de conversación en las redes sociales, un ministro pastoral se lamentaba: "¿Me pasa solo a mí o hay mucha gente en el ministerio que aún trabaja con la idea de que los jóvenes adultos son simplemente adolescentes que se han graduado de la escuela secundaria?". Cuando planifiques la catequesis para jóvenes adultos, trata de visualizar los ingredientes en un café en una forma que no sea la de un café.

La etapa del adulto emergente es de grandes cambios y está marcada por una fuerte conciencia de estar en transición. Los adultos emergentes sienten la tensión dual de intimidad y aislamiento, de colaboración y competencia, de ser jóvenes pero ya no adolescentes (en el contexto estadounidense). El último período de la adolescencia (adulto emergente), y las décadas de los veinte y los treinta años son un tiempo de esperanza y posibilidades, de altibajos emocionales. Los jóvenes adultos están empeñados en evaluar los contenidos de su vida. En esta etapa, mucho capital social está dirigido a determinar qué comportamientos y creencias conservar y cuáles dejar atrás. Debido a su nueva libertad y responsabilidad, los jóvenes adultos comienzan a probar distintos caminos en busca de relaciones significativas, un empleo satisfactorio y una identidad espiritual madura.

El plan pastoral de los obispos para el ministerio con jóvenes adultos, *Hijos e hijas de la luz* (Conferencia de Obispos Católicos de los Estados Unidos, 1996), enfatiza cuatro áreas de enfoque comúnmente reconocidas sobre los jóvenes adultos:

- identidad personal
- relaciones interpersonales
- trabajo
- vida espiritual

El documento señala que estas áreas de enfoque "son emprendidas dentro de un tiempo más largo —para algunos, hasta que pasan de los treinta años; además sienten la falta de una familia y de instituciones cívicas y pastorales que los apoyen". Estas son solo algunas de las razones por las cuales la adultez joven es tal vez el período más difícil para la formación catequética.

Uno de los factores que tienen en común los jóvenes adultos con otros jóvenes hasta bien pasados los veinte años es el desarrollo continuo del lóbulo frontal del cerebro. Esta región regula las emociones, los impulsos y el pensamiento abstracto. Así, a medida que maduran, los jóvenes adultos logran mayor capacidad para realizar funciones ejecutivas; por ejemplo, lidiar con los riesgos, emitir juicios sensatos y evaluar sus propias perspectivas y las de los demás. Se ha dicho que este es el momento de orientar el mapa hacia el "verdadero norte" antes de despegar.

Desde echar a andar hasta despegar

Para cuando los adultos emergentes entran en los treinta años, muchos se sienten más seguros de sí mismos. En este punto, dejan la pista y comienzan a despegar. Se están adaptando a una idea más clara de identidad personal, se están estabilizando en el trabajo y avanzando en sus carreras, y están consolidando aún más sus credenciales. Algunos forman un hogar y/o crean su propia familia. El científico social Donald Capps describe esto como la "década de llegar a ser competente" (Kyle Oliver, "Young Adulthood" [Jóvenes adultos], en *Seasons of Adult Faith Formation* [Las etapas de la formación de fe para adultos]).

Dentro de este grupo también se encuentran quienes ya en la década de los treinta despegan de la pista pero se encuentran superando la experiencia devastadora de un divorcio o el final de una relación íntima que no condujo al matrimonio. Hoy, aunque no tanto en el caso de la población latina, es cierto que en otros grupos cada vez más jóvenes adultos tienen dificultades para conseguir y mantener un trabajo que les permita una vida independiente. La información actual revela un creciente número de jóvenes adultos que regresan a casa hasta que pueden volver a valerse por sí solos. Esta decisión de volver a casa, conocida como "el efecto búmeran", es el producto de una variedad de factores. Algunos son las consecuencias de decisiones personales; otros están más allá del control del individuo.

Los períodos de crisis se suelen desencadenar por la pérdida de empleo, el divorcio, las adicciones, ser padres solteros o sufrir consecuencias a partir del servicio militar. Estas circunstancias hacen que muchos busquen recuperación y sanación por medio de un programa establecido o una comunidad alentadora y acogedora. En este momento, a muchos adultos emergentes les atrae involucrarse en una iglesia. Una invitación para interactuar —personalmente o en línea— con un experto en el problema puede captar la atención de un joven adulto afligido. Es necesario que los programas catequéticos eficaces ofrezcan opciones atractivas que aborden estas situaciones difíciles a horas y en lugares que se ajusten a las necesidades de los jóvenes adultos.

Grupos de "solo mujeres" o "solo hombres"

Algunos investigadores hacen aún más distinciones ente la trayectoria de desarrollo de los hombres y las mujeres. Por ejemplo, las mujeres están programadas para preocuparse más por la identidad en las relaciones; los hombres están más dirigidos hacia una identidad laboral (Kyle Oliver, "Young Adulthood," [Jóvenes adultos] en *Seasons of Adult Faith Formation* [Las etapas de la formación en la fe para los adultos]). Esta distinción puede ser el efecto de las mujeres que escuchan el tic-tac del reloj biológico mientras los hombres observan el reloj del tiempo profesional.

Esto no significa que las mujeres no presten atención a su desarrollo profesional, ni que los nombres no forjen relaciones satisfactorias. Pero la diferencia en énfasis y urgencia es algo a considerar cuando planificamos programas catequéticos para adultos. Grupos para compartir la fe solo para mujeres o para hombres ofrecen un ambiente que puede ser más propicio para la formación espiritual de jóvenes adultos. Como la experiencia de asistir a una escuela secundaria o universidad de un solo género, estos grupos de oración y estudio alientan una libertad de autoexploración que trasciende la imagen individual, por ejemplo, cómo él o ella se percibe ante los ojos del sexo opuesto.

La diversidad realmente existe

La diversidad cultural se trató en capítulos anteriores, pero amerita otra mirada: particularmente, en relación a nuestro ministerio catequético con jóvenes adultos. En general, los jóvenes adultos de hoy han estado más expuestos a otros grupos culturales y lingüísticos que sus antecesores. Escuelas y clubes integrados, semestres en el extranjero y viajes misioneros, así como los medios de comunicación populares les permiten muchas oportunidades para ver "al otro".

Sin embargo, sin encuentros personales auténticos, los jóvenes adultos no estarán bien preparados para las relaciones sanas con otras culturas. La observación superficial poco contribuye a derribar las barreras que se erigen con estereotipos, prejuicios generacionales y falta de conocimiento. Los ministros de campus y los capellanes militares pueden jugar un papel importante en la vida de los jóvenes adultos que viven lejos de casa, quienes a menudo encuentran más diversidad que en su lugar de origen. Muchos jóvenes adultos hispanos también necesitan otro tipo de encuentro, ya que a menudo están solos en el país y trabajan para enviar ayuda económica a sus familias; el ministerio con jóvenes adultos necesita en estos casos una creatividad especial para alcanzar a estos jóvenes. Las parroquias, que a menudo sirven como centros sociales para estos jóvenes, pueden jugar un papel importantísimo en la labor de apoyo, acompañamiento y formación en la fe. En consecuencia, es de gran importancia que los líderes de ministerios para jóvenes adultos desarrollen competencias interculturales. Sin embargo, demasiado a menudo las oficinas de ministros del campus universitario no parecen acogedoras o parecen no abordar de manera adecuada las necesidades espirituales de los estudiantes y el personal culturalmente diversos.

Por ejemplo, muchos ejercen su función bajo la presunción común de que los estudiantes hispanos son católicos y los afroamericanos no. Considera la pérdida de oportunidades de evangelización a causa de tales presunciones. La puerta del ministerio del campus puede estar abierta para todos pero, ¿ofrece programas o recursos culturalmente receptivos?

$ = Bendición + Maldición

A muchos jóvenes adultos les cuesta lograr su independencia financiera. Los jóvenes están cada vez más agobiados por las deudas universitarias y empleos que no brindan seguro de salud ni vacaciones. Sin embargo, la cultura popular realza la comodidad material y puede promover un falso sentido de que las personas tienen derecho a ciertas comodidades. Por momentos, esto genera estrés y descontento en individuos que quieren reconciliar sus finanzas con sus creencias y valores. Tienen que tomar decisiones difíciles.

Muchos jóvenes adultos aspiran a aliviar el sufrimiento del mundo. Están afligidos por la creciente brecha económica y de oportunidades entre las comunidades. Mientras que algunos jóvenes adultos experimentan una creciente prosperidad, otros luchan contra una pobreza ubicua. Esta disparidad también existe cuando se habla de la disponibilidad de recursos ministeriales parroquiales/diocesanos. Sin embargo, el mensaje de la enseñanza y la Tradición católicas es coherente: "Tanto las personas necesitadas como las prósperas deben llegar a saber a través de la catequesis que la meta final de la vida cristiana es la comunión con Dios, no el poder, las riquezas y la influencia"(*DNC*, #4C).

La pasión que tienen los jóvenes adultos por la justicia económica puede servir como un punto de entrada en tus intentos de formación en la fe que tengan como objetivo a este grupo etario. En otras palabras, liderar con una invitación a explorar conceptos doctrinales no será tan eficaz como liderar con una invitación a participar en obras de misericordia y acción social.

Destreza tecnológica

Digamos las cosas como son: el estilo de vida contemporáneo está organizado por dispositivos, sistemas y aparatos tecnológicos que cambian constantemente. Los dispositivos móviles, medios sociales de comunicación y redes en línea tienen un impacto en casi todos los aspectos de la vida cotidiana de un joven adulto. Deslizar los dedos y hacer clic son modalidades esenciales para trabajar, aprender, relajarse y cultivar relaciones. Tal como los automóviles, la televisión y los servicios de agua o luz eléctrica en las viviendas afectaron la forma de vida de las generaciones anteriores, la tecnología digital de hoy influye en el comportamiento y el razonamiento por causas más profundas que el mero ahorro de trabajo. (Piensa, por ejemplo, en cómo te afectó la última vez que dejaste tu teléfono celular en casa. Más allá de la molestia, ¿notaste una reacción espiritual?).

Los jóvenes adultos de hoy han crecido con tecnología digital cada vez más sofisticada. Por consiguiente, la catequización de jóvenes adultos debe incorporar la tecnología como vehículo, no como destino. Así como una presentación en vivo se experimenta de manera diferente que una transmisión grabada, no hay nada que reemplace la interacción cara a cara. La tecnología facilita el proceso de enseñanza/aprendizaje de maneras fundamentales. Pero Dios nos hizo para vivir *en comunidad*, no en soledad. Las personas desean relaciones interpersonales aun cuando estas parezcan esquivas.

Los jóvenes adultos dicen sentirse solos en una multitud. Por el contrario, el Espíritu Santo reúne a los discípulos de Jesús en el amor y la solidaridad. La catequesis eficaz conduce a quienes buscan una comunidad aún más profundamente dentro de la vida de la Santísima Trinidad, para cumplir la voluntad de Dios. Como enseña la Iglesia: "El fin último de toda la economía divina es la entrada de las criaturas en la unidad perfecta de la Bienaventurada Trinidad" (*CIC*, #260).

Relaciones íntimas y cuestionamientos

Cuando los jóvenes adultos eligen continuar con su educación, entrar en el mercado laboral, mudarse, casarse o profesar una vida religiosa, a muchos se les presentan diferentes religiones, culturas, valores y prácticas. Es posible que las amistades de la adolescencia cambien o se desvanezcan. Surgen tensiones a medida que los jóvenes adultos intentan negociar los valores de la sociedad contemporánea con los de su familia. Esto puede intensificarse en familias de inmigrantes que buscan un equilibrio entre su herencia y valores culturales tradicionales por un lado, y las costumbres sociales de la sociedad estadounidense contemporánea por el otro. La generación de jóvenes adultos de hoy ha sido llamada "la primera generación verdaderamente expuesta a la multidifusión y al multiculturalismo" (M. Carolyn Clark, *Handbook of Young Adult Religious Education* [Manual para la educación religiosa de jóvenes adultos], 214–215).

El gran y obvio desafío para los jóvenes adultos es la sexualidad. Nuestro ambiente social está hipersexualizado por los medios visuales, la música, internet, etcétera. Los mensajes sexuales saturan los anuncios en publicaciones, transmisiones y medios digitales, los espectáculos, la televisión en horario de máxima audiencia y la programación de radio. En la superficie, parece que la simple conclusión es que la cultura dice que sí, y la Iglesia dice que no. Los jóvenes adultos quieren saber por qué. Espiritualmente, los jóvenes adultos ansían la verdad, el propósito, la intimidad y lograr su propia realización. ¿Dónde pueden encontrar satisfacción profunda? Las respuestas que buscan no se encuentran en proezas sexuales, compras excesivas, alcohol, drogas o fiestas.

Los jóvenes adultos pueden ser muy egocéntricos, y probar diferentes identidades en busca de su auténtico ser. "Algunos experimentan esta búsqueda como un cuestionamiento sosegado e interno, una revisión hecha a conciencia de las creencias tradicionales. Otros lo logran aprendiendo más acerca de su fe [. . .] Y aun para otros, esta búsqueda puede conducirlos a un ateísmo funcional, al rechazo de la religión organizada o a distanciarse de las actividades eclesiales y de culto (*Hijos e hijas de la luz*, Conferencia de Obispos Católicos de los EE. UU, 1996)".

Un cuadro de la fe joven

Además de los cuatro Evangelios, en los Hechos de los Apóstoles se narra la historia cristiana de una manera en la que uno se identifica más fácilmente en contraste con como se presentan los personajes y sucesos del Antiguo Testamento. Mientras que el Nuevo Testamento continúa la historia de la salvación de Dios y su amor por nosotros, el Libro de los Hechos particularmente relata historias de evangelización. Pinta un cuadro de la fe joven que es puesta a prueba y que se profundiza cada vez más. Nos muestra nuevos discípulos (aprendices) tratando de seguir el camino de Jesucristo, para apresurar el Reino de Dios. El Libro de los Hechos puede considerarse una introducción a la historia de los discípulos del presente y del futuro.

Los jóvenes adultos quieren oír la verdad del Evangelio expresada con autoridad y amor. La liturgia es un lugar donde esto puede suceder para aquellos que participan activamente en la vida de la Iglesia. Los investigadores han aprendido que los jóvenes adultos quieren un servicio religioso de calidad que esté bien preparado. Aquí se incluye buena música y un mensaje significativo que sea bien expresado. Muchos ansían oportunidades para la contemplación hecha con devoción, como en la adoración de la Eucaristía, la oración Taizé o el rezo del Rosario. Otros encuentran que la oración carismática y la música animada son sanadoras e irresistibles. Los jóvenes adultos, que luchan por encontrar el significado de la fe y su expresión en la vida, se sienten atraídos por la sinceridad de quienes profesan la fe. ¿Ven el amor en acción y se sienten aceptados? ¿Cómo ven los miembros de la comunidad de fe a otros como ellos? Observan también el comportamiento de los cristianos católicos en lugares públicos. La crítica, el chisme, el orgullo y la hipocresía frustran muchas buenas intenciones. El servicio religioso superficial también tiende a obstruir el movimiento del Espíritu Santo.

Vida sacramental: más que un momento

Para muchos católicos, la vida sacramental es un regalo sin abrir a vista de todos. Los líderes catequéticos pueden utilizar la preparación sacramental como formación para los jóvenes adultos a fin de que estos momentos produzcan algo más que preciados recuerdos. La fe puede despertarse en los jóvenes adultos cuando se preparan para los sacramentos de la Iniciación, el Matrimonio o el Bautismo de un hijo. La participación directa en los sacramentos puede ser una experiencia contemporánea de mistagogia, una invitación oportuna y amable para entrar a los sagrados misterios de la fe.

Del mismo modo, el joven adulto que sirve como padrino en un Bautismo o en una Confirmación se encuentra con un momento catequético. ¿Qué se entiende del propósito del sacramento? ¿Cómo se percibe esta responsabilidad? Una visita a los enfermos puede abrir otra puerta a la fe activa cuando el joven adulto está presente durante la visita de un capellán u observa a un sacerdote ungiendo a un pariente o amigo gravemente enfermo.

Jesús envió a sus discípulos a ejercer su ministerio de dos en dos. Del mismo modo, se puede alentar a alguien que esté en la búsqueda espiritual a profundizar más en el reino espiritual cuando acompaña a un amigo que le lleva la Eucaristía a una persona confinada en su hogar. La fe bien formada ha sido creada para compartirse. La catequesis para adultos forma líderes que disfrutan al compartir la "alegría del Evangelio".

La clave para madurar en la fe

La pedagogía de Thomas Groome, "*Life to Faith to Life*" [De la vida a la fe y de vuelta a la vida], es particularmente relevante para la catequesis de los jóvenes adultos. Este marco examina la vida a la luz de la fe y aplica lo que se revela en la fe a los temas y circunstancias de nuestra vida. Groome habla del acceso a la historia y la visión cristianas para que se refleje y conecte de manera significativa con la vida real. La fe madura de un modo natural en los jóvenes adultos cuando son parte de una comunidad acogedora de personas como ellos, examinando juntos las preocupaciones de la vida real a través de la lente de la fe.

El optimismo, la vitalidad, el entusiasmo; ser idealistas, buscadores de aventuras y estar a la vanguardia: estas cualidades hacen que los jóvenes adultos se ganen la simpatía de personas mayores y menores que ellos. Del mismo modo, las mismas características pueden alentar los esfuerzos de evangelización y ministerio en la Iglesia y la sociedad. Sin embargo, esto no sucede por accidente. Las parroquias deben invitar y dar la bienvenida a los jóvenes adultos de manera consciente, proactiva e intencional, para que formen parte de la vida litúrgica y comunitaria de la Iglesia.

Lamentablemente, a muchos jóvenes adultos los decepciona la discordancia entre la Iglesia que existe y la Iglesia que es llamada a ser. Algunos muestran cinismo, desconfianza y aburrimiento con las instituciones sociales, entre ellas, la Iglesia. Como observó la Iglesia durante el Concilio Vaticano Segundo: "El divorcio entre la fe y la vida diaria de muchos [cristianos] debe ser considerado como uno de los más graves errores de nuestra época" (*Gaudium et Spes: Constitución pastoral sobre la Iglesia en el mundo actual*, #43). Quizás tú también hayas oído historias terribles de jóvenes adultos que ofrecen su tiempo y talento solo para ser rechazados, desalentados o ignorados. Demasiado a menudo, los feligreses mayores no se sienten cómodos renunciando a las riendas del liderazgo, o se creen demasiado ocupados como para orientar a nuevos miembros del ministerio. Por desgracia, algunos pilares de la Iglesia se resisten a las ideas nuevas. ¿Se han olvidado de que, para los estándares actuales, Jesús era un joven adulto?

Mientras que muchos jóvenes hispanos todavía están muy apegados a sus familias, algunos, que viven en la tensión de dos culturas, podrían sentir que la fe de sus padres, quizá demasiado tradicional para su gusto o demasiado devocional, no les habla. . . y que, por otro lado, las expresiones religiosas de los ambientes más anglosajones en que se mueven se les hacen frías. Podrían sentir que no son de un lado ni del otro. Es necesario, por eso, más que nunca, encontrar los puntos de encuentro que puedan responder a la sed de los jóvenes hispanos de una fe viva y una religiosidad expresiva que responda a sus cuestionamientos sobre el difícil mundo al que se enfrentan y que dé respuestas creíbles a sus preguntas sobre la justicia social o la moral sexual, sin abandonar sus tradiciones, sino fundamentándolas.

Tiempo atrás un dicho popular en los EE. UU. era: "¡No confíes en ninguna persona mayor de treinta años!". En la actualidad sucede lo contrario, algunos de las generaciones mayores parecen evitar el contacto con los jóvenes adultos. Es hora de acortar la brecha. Prepárate para dejar la zona de confort. Inicia conversaciones con jóvenes adultos. Favorece las conversaciones sobre la vida y la fe en ambientes fuera de la iglesia, de ser posible.

La enseñanza católica y la política

Los discípulos de esta época están muy preocupados por los efectos de las políticas públicas en las personas y comunidades vulnerables, en la influencia de los medios en el desarrollo del carácter, la sustentabilidad de nuestro ambiente, etcétera. Todos estos temas exigen una respuesta objetiva y moral. Luego hay que agregar a nuestras limitaciones de tiempo, energía y finanzas, el trabajo o estudio, el cuidado de miembros de la familia, el cuidado de nuestra salud, la protección de la seguridad de nuestra familia, la búsqueda de los sueños, la participación en asociaciones y el seguimiento de las redes sociales. ¿Cuándo tenemos tiempo para rezar o desarrollarnos espiritualmente?

Particularmente en los Estados Unidos, la religión se ha convertido en un asunto privado: nos guardamos nuestras creencias para no ofender ni ser ofendidos. Esta tendencia en realidad no coincide con el objetivo divino del discipulado y de algún modo se ha adosado a la política partidaria. En consecuencia, muchos buenos feligreses se sienten más polarizados y en conflicto, que informados y empoderados como para vivir como testigos públicos. Tienden a distanciarse de posiciones poco populares.

Las etiquetas abreviadas —conservador o progresista, estados rojos o azules, vida o dignidad— nos encuadran en categorías que no describen totalmente quiénes somos. En lugar de etiquetas, las enseñanzas católicas nos llevan a una senda de amor en acción. La enseñanza social católica nos ayuda a acoger una ética de vida coherente y a utilizar el espejo de la fe para evaluar una amplia variedad de temas y determinar nuestras respuestas en consecuencia.

Implicaciones de la formación en la fe para jóvenes adultos

Los objetivos generales de la formación en la fe para jóvenes adultos, según los articulan los obispos de los EE. UU. en *Hijos e hijas de la luz*, son conectar a los jóvenes adultos con:

1. Jesucristo;
2. la Iglesia, invitando y dando la bienvenida a su presencia en la comunidad cristiana;
3. la misión de la Iglesia en el mundo y
4. una comunidad de iguales, en la cual su fe se nutre y fortalece.

Con estos objetivos en mente, y considerando las necesidades, los deseos, los dones y los desafíos singulares de los jóvenes adultos de hoy, exploremos algunas implicaciones importantes en la planificación y ejecución de la formación en la fe para jóvenes adultos.

- **Escucha.** ¡No hagas nada sin antes *escuchar* a los jóvenes adultos! El primer y mayor error que puedes cometer es crear un plan en un vacío, sin consultar las necesidades y los deseos expresos de los jóvenes adultos. Reúne a un grupo de jóvenes adultos para escucharlos, y luego usa lo que aprendas como catalizador para formular oportunidades de formación en la fe.

- **Involucra.** Evita la tentación de ser el "proveedor" de formación en la fe con los jóvenes adultos, que le dan mucho valor a la participación y la interacción. La máxima "si lo construyes, vendrán" no se aplica en este caso, porque los jóvenes adultos quieren ser colaboradores y socios en las cosas en las que se involucran. En cada paso del camino, asegúrate de involucrar a los jóvenes adultos en el diseño de su propia formación en la fe. Que la siguiente frase guíe tu enfoque: "¡Si *ellos* lo construyen, vendrán!".
- **Piensa en formato digital.** Para los jóvenes adultos, los dispositivos móviles son la forma principal de conectarse con el mundo. No trazan una línea de distinción entre el mundo digital y el físico, sino que más bien los ven como integrados. Asegúrate de considerar cómo te comunicarás digitalmente con los ellos, no solo como una manera de invitarlos, sino también como un modo de enviarles contenido, sin reemplazar los encuentros cara a cara. El mundo digital existe para aumentar la comunicación entre los seres humanos, tal como un micrófono aumenta (pero no reemplaza) la voz humana. Las experiencias digitales de formación en la fe siempre deben culminar en encuentros cara a cara.
- **Confía en las relaciones interpersonales, no en los montajes.** Los jóvenes adultos pueden detectar la falsedad en un instante, y no se impresionan con enfoques tramposos. Más bien, valoran la autenticidad y las relaciones. Cuando planifiques y lleves a cabo la formación en la fe para jóvenes adultos, un factor clave de tu éxito será el tipo de relación que forjes con ellos.
- **Ofrece aventura.** Los jóvenes adultos buscan aventuras y desafíos y están ansiosos por participar en experiencias. En lugar de

ofrecer cursos, seminarios o clases para la formación en la fe para jóvenes adultos, considera propuestas que los inviten al desafío y la aventura. Por ejemplo, arranca la Cuaresma con una "Caminata/carrera contra el hambre el Miércoles de Ceniza". Invita a los jóvenes adultos a correr o caminar 5 o 10 km que culminen con la imposición de las cenizas de Cuaresma en la frente al llegar a la meta. Esto puede ir seguido de una breve presentación sobre las disciplinas de la Cuaresma y el modo en que los jóvenes adultos pueden participar en la lucha contra el hambre durante la Cuaresma.

- **Aprovecha sus conocimientos.** Las redes sociales han permitido que los adultos jóvenes compartan sus propios conocimientos (o, al menos, sus opiniones) acerca de una variedad de temas y problemas. Como resultado, les parece bien recurrir a "expertos" no tradicionales para obtener conocimiento y orientación. Usa esto a tu favor invitando a los jóvenes adultos a dar charlas y respuestas en las experiencias de formación en la fe. Por ejemplo, volviendo a la sugerencia anterior sobre el Miércoles de Ceniza, la pequeña presentación después de la carrera/caminata puede incluir, desde luego, la opinión del párroco o de alguien del personal pastoral, como tú mismo, pero también puede incluir un panel de jóvenes adultos invitados a compartir cómo piensan conmemorar la Cuaresma y practicar sus disciplinas. Aun cuando traigas a un orador "experto" en un tema, pide a uno o dos jóvenes adultos que hagan de comentaristas y compartan sus impresiones de lo que acaban de oír, así como sus propias perspectivas. Debido a las redes sociales, los jóvenes adultos están acostumbrados a agregar su voz a todo lo que se comenta.
- **No los aísles.** Los jóvenes adultos no quieren que los traten diferente, sino que quieren ser reconocidos como personas que lograron un cierto lugar en la sociedad. Si bien puede resultar útil juntar a los jóvenes adultos para tener experiencias pensadas

específicamente para su grupo etario, evita aislarlos como un grupo separado en la parroquia. Los jóvenes adultos buscan que los adultos mayores los orienten, y desean que ellos escuchen sus voces. Piensa en términos intergeneracionales, pero asegúrate de habilitar y empoderar a los jóvenes adultos para que tomen la iniciativa, en lugar de confiar en las personas de siempre, que la mayoría de las veces son feligreses de mediana edad.

- **Piensa en el efecto viral.** Los jóvenes adultos están acostumbrados a que las cosas "se hagan virales" en el mundo de las redes sociales. En su libro *Contagioso: El poder del boca a boca en la comunicación viral*, el autor Jonah Berger cita siete razones que explican por qué las cosas se hacen virales. Ten en cuenta la siguiente lista cuando planifiques experiencias de formación en la fe para jóvenes adultos:

    1. **Crea experiencias que hagan a los participantes lucir bien.** Los jóvenes adultos valoran la oportunidad de enterarse de información útil y profunda que puedan compartir con los demás, lo que les permite a ellos mismos ser vistos como personas inteligentes, en la vanguardia, bien informadas y relevantes. Las experiencias de formación en la fe para jóvenes adultos debe ofrecerles conocimientos e información que sea útil para la vida cotidiana y que estarán ansiosos de compartir con los demás.
    2. **Aprovecha lo que hay en la mente de las personas.** San Ignacio de Loyola proponía un enfoque para convencer a alguien "entrando por su puerta pero asegurándote de salir por la tuya". En otras palabras, recomendaba aprovechar lo que ya está en la mente de las personas —su experiencia vivida—, ayudándolos a ver el modo en que Dios está íntimamente involucrado en su vida cotidiana.

3. **Provoca emoción.** La formación eficaz en la fe siempre tiene que apuntar tanto a la cabeza como al corazón. Los jóvenes adultos están ansiosos de ver y sentir afecto y compasión humanos auténticos en un mundo que a menudo es muy frío e insensible. Berger nos recuerda que "cuando nos importa, lo compartimos". La formación en la fe para jóvenes adultos debe acceder a las emociones y provocarlas de manera que los pongan en acción.
4. **Ofrece algo que pueda verse.** Los jóvenes adultos buscan la opinión y el consejo de sus compañeros y son altamente influenciados por lo que les gusta y no les gusta a sus compañeros. Las experiencias de formación en la fe para jóvenes adultos deben ser dignas de publicar, para que otros jóvenes adultos puedan ver que sus compañeros encuentran valor en lo que tu parroquia ofrece.
5. **Proponles algo práctico.** Con demasiada frecuencia, los jóvenes adultos ven las enseñanzas de la Iglesia demasiado etéreas como para tener alguna relación con la vida cotidiana, principalmente porque como Iglesia hemos tendido a presentarla de esa manera. La formación en la fe para jóvenes adultos tiene que ser práctica e identificable con la vida cotidiana. En otras palabras, evita el lenguaje "de iglesia" en el "envoltorio" de las oportunidades de formación en la fe para jóvenes adultos.
6. **Alienta la narración de historias.** La narración de historias es fundamental en la experiencia judeocristiana. La formación en la fe no es un vehículo para explicar el misterio de la fe, sino más bien para invitar a que las personas entren en el misterio de la fe. La narración de historias es un portal al mundo del misterio. La formación en la fe para jóvenes adultos debe alentar a los participantes tanto a escuchar como a compartir historias de fe, para

reconocer cómo nuestras historias individuales están relacionadas con *la* historia de la salvación en y a través de Jesucristo.

7. **Enfoque exterior.** Por último, los jóvenes adultos desean provocar un impacto positivo en el mundo, por lo tanto, asegúrate de que, en tus oportunidades de formación en la fe para jóvenes adultos, haya un enfoque exterior. Incluye el crecimiento personal, pero también habla del modo en que nuestra fe puede tener un efecto positivo y hasta cambiar el mundo. Sigue el consejo de Dorothy Day, que insistía en que todo lo que una persona bautizada hace debe estar, directa o indirectamente, relacionado con las obras de misericordia corporales y espirituales. A diferencia de quienes reducen el cristianismo a una filosofía, Dorothy Day sabía que el cristianismo es un conjunto de prácticas encarnadas: es lo que *hacemos* por los demás. En su libro *The Strangest Way* [El modo más extraño] (Orbis Books, 2002), el Obispo Robert Barron nos dice que las obras de misericordia "expulsan el egocentrismo hacia afuera, en la dirección de la misión y la conexión, y así, como tales, constituyen una teoría social distintivamente cristiana, radicalmente fuera de sintonía con el sistema social moderno" (152). Este tipo de pensamiento tiene eco en los jóvenes adultos de hoy.

Hay una cierta urgencia en relación con la formación en la fe de los jóvenes adultos. Ellos son los nuevos padres, futuros cuidadores de los ancianos y marcadores de tendencias. Este grupo de ciudadanos establecerá políticas públicas, decidirá si el país va a la guerra y cómo utilizar los fondos públicos. Son los profesionales prometedores que reclutan las empresas, los científicos emergentes que descubren tratamientos que salvan vidas, los educadores de nuestra juventud. Son el clero que le pedimos a Dios que enviara. La formación en la fe debe ayudar a que los jóvenes adultos conozcan a Jesús, aprendan a rezar y ayuden con la formación de conciencia.

El enfoque directo está bien descrito por Thomas Groome en la técnica de enseñanza de "*Life to Faith to Life*" ["De la vida a la fe y de vuelta a la vida"]. Con este método, la catequesis reavivará la exploración de la fe de la niñez en algunos jóvenes adultos e introducirá nuevas experiencias emocionantes y tal vez inquietantes para otros. Dos prioridades no negociables para los líderes catequéticos que acompañen a jóvenes adultos son: (1) encontrar formas innovadoras de invitar y hacer participar a los jóvenes adultos y (2) formar y orientar a nuevos líderes.

Resumen: el Señor iba incorporando a la comunidad

"Se reunían frecuentemente para escuchar la enseñanza de los apóstoles, y participar en la vida común, en la fracción del pan y en las oraciones. . . El Señor iba incorporando a la comunidad a cuantos se iban salvando". (Hch 2:42, 47)

Para catequizar a los jóvenes adultos hoy es preciso nadar contra corrientes muy fuertes. Su punto de referencia para la fe (si es que tienen alguno) puede que sean los abuelos. Es más, el respeto por la religión se está diluyendo en el tejido de la cultura estadounidense. No solo la voz moral es acallada en el espacio público, sino que además casi cualquier mención de la religión enfrenta sospechas y ridículo. El humanismo es la tendencia global en la actualidad. Hay una sutil tendencia a perseguir la virtud sin Dios.

Los jóvenes adultos están acostumbrados a integrar fácilmente nuevas tecnologías a su vida. Sin embargo, los creadores de publicidad e imagen, que cuentan con grandes cantidades de dinero, disfrazan el progreso como un espectro de opciones siempre cambiantes, libertad de elección, supervivencia del más fuerte y mucha trivialidad. Los jóvenes que han llegado a la mayoría de edad y a la madurez sexual, quienes ahora toman sus propias decisiones financieras y eligen su estilo de vida, no aceptarán un currículo de formación en la fe estandarizado y codificado. En cambio, seguirán buscando las respuestas a preguntas esenciales de la vida en otros lugares aparte de la Iglesia. Los jóvenes adultos buscan la redención que ofrece el discipulado sin darse cuenta necesariamente de cómo están siendo dirigidos. No nos corresponde saber cuál será el destino final de los individuos, pero sabemos que Dios ya ha escrito la emocionante conclusión.

Para reflexionar y conversar

- ¿Cuáles son algunas de las maneras más eficaces que has visto para llegar a los jóvenes adultos y conectar con ellos en el área de formación en la fe?
- ¿Cuáles son las necesidades más grandes de los jóvenes adultos de hoy? ¿Cómo puede tu parroquia satisfacer estas necesidades y enfrentar estos desafíos?
- ¿Cuáles son tus mayores obstáculos para una formación eficaz en la fe para jóvenes adultos?

Madurar como líder catequético

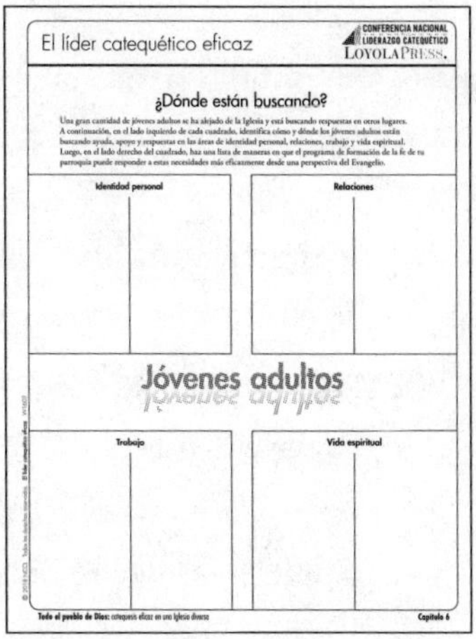
El líder catequético eficaz

CONFERENCIA NACIONAL LIDERAZGO CATEQUÉTICO
LOYOLAPRESS.

¿Dónde están buscando?

Una gran cantidad de jóvenes adultos se ha alejado de la Iglesia y está buscando respuestas en otros lugares. A continuación, en el lado izquierdo de cada cuadrado, identifica cómo y dónde los jóvenes adultos están buscando ayuda, apoyo y respuestas en las áreas de identidad personal, relaciones, trabajo y vida espiritual. Luego, en el lado derecho del cuadrado, haz una lista de maneras en que el programa de formación de la fe de tu parroquia puede responder a estas necesidades más eficazmente desde una perspectiva del Evangelio.

Identidad personal | Relaciones

Jóvenes adultos

Trabajo | Vida espiritual

Todos los discípulos —incluidos los jóvenes adultos— necesitan encontrar a Jesús en la comunidad de la fe, en la Eucaristía y en el servicio a los demás. Mientras ofreces tus oraciones y mejores esfuerzos, asegúrate de transmitir un mensaje vital para los jóvenes adultos. Dios, continuamente y con un amor constante, nos llama a cada uno de nosotros a entrar en la plenitud de la vida con el Espíritu Santo. Para los jóvenes adultos, esta invitación puede ser particularmente significativa, ya que ejercen la responsabilidad de una independencia recientemente adquirida, particularmente en asuntos de fe.

El Papa Francisco no pierde ninguna oportunidad de alentar la apertura para encontrarnos y estar en compañía, incluso con aquellos que tal vez vemos como "el otro" (ver *Evangelii Gaudium: La alegría del Evangelio*). Ambos conceptos son muy apropiados para la formación en la fe de jóvenes adultos. Encontrar y acompañar a los jóvenes adultos en el trayecto —en carne y espíritu— demuestra respeto y brinda amor. Este es el modo de encontrarlos donde están.

Visita www.loyolapress.com/lce para acceder a la hoja de ejercicios.

Acción sugerida

Lee sobre los discípulos en camino a Emaús en Lucas 24:13–35. Esta historia explica el enfoque catequético de Jesús a la vez que instruye a los líderes catequéticos acerca del proceso de conversión. Haz una lista de cada paso en las acciones catequéticas de Jesús. Luego de completar la lista, repasa cada acción. Fíjate si actualmente sigues esa acción y cita un ejemplo de la experiencia en tu ministerio. Además, identifica los pasos que no das. Pide a Dios que te muestre cómo incorporar esas acciones en tu enfoque catequético.

Recursos adicionales

En español

Cabido Blanco, Ángeles: *Somos Iglesia. Catequesis para jóvenes.* España: San Pablo SSP, 2014.

Directorio Nacional para la Catequesis. Washington, DC: Conferencia de los Obispos Católicos de los Estados Unidos, 2005.

Hijos e hijas de la luz: Plan pastoral para el ministerio con jóvenes adultos. Washington, DC: Conferencia de Obispos Católicos de los Estados Unidos, 2010.

Pérez Núñez, Pedro: *Catequesis básica para jóvenes y adultos.* Madrid: Editorial Perpetuo Socorro, 2014.

En inglés

The Seasons of Adult Faith Formation [Las etapas de la formación en la fe para adultos]. John Roberto, ed. (Naugatuck, CT: Lifelong Faith Associates, 2015).

Will There Be Faith? A New Vision for Educating and Growing Disciples [¿Habrá fe? Una nueva visión para educar y formar discípulos]. Thomas H. Groome (Nueva York, NY: HarperOne, 2011).

The National Study of Youth and Religion [El estudio nacional sobre juventud y religión]. Christian Smith and Lisa Pierce (Universidad de Notre Dame, 2001–2010).

The Joy of Adolescent Catechesis [La alegría de la catequesis para adolescentes]. (National Federation for Catholic Youth

Ministry, National Catholic Education Association, National Conference for Catechetical Leadership [Federación Nacional para el Ministerio de la Juventud Católica, Asociación Nacional de Educación Católica, Conferencia Nacional para el Liderazgo Catequético], 2016).

7
La Iglesia joven de hoy: catequesis para adolescentes

"Si solo hubiera sabido entonces lo que sé ahora. . ."

En mi experiencia, hay más tensión en la catequesis para adolescentes que en cualquier otro grupo etario. Aun en el caso en que los años de la adolescencia hayan estado plenos de diversión, amistades íntimas y logros, pocos de los que hemos recorrido ese trayecto querríamos repetirlo. Francamente, muchos adultos, entre ellos algunos de nosotros que ejercemos el ministerio con adolescentes, aún tenemos cicatrices de los días que pasamos en la escuela secundaria. A menudo recordamos y pensamos: "Si solo hubiera sabido entonces lo que sé ahora. . .".

Los adultos que trabajan con adolescentes en la Iglesia (excluyendo a los padres) generalmente cumplen una de estas dos claras funciones: ministro de la juventud o líder catequético. En muchas parroquias, el ministerio de la juventud y el de la catequesis operan en órbitas separadas. Los líderes de ministerios dedicados y los voluntarios bien intencionados de ambas secciones sienten pasión por su tarea de acercar a los jóvenes a Jesucristo. Sin embargo, ¡manejan sus propios vehículos en carriles separados, y puede que tomen rutas alternativas con la esperanza de llegar al mismo destino!

Algunos ministros de la juventud se identifican excepcionalmente bien con este grupo, sin embargo, evitan enseñarles la fe formalmente por temor a que los adolescentes los consideren aburridos y pierdan el interés. Mientras tanto, a muchos catequistas comprometidos con la formación en la fe de los adolescentes les sería difícil acompañarlos en un baile o en una salida social. Sin embargo, el ministerio con adolescentes requiere ambas habilidades y, cuando la juventud interactúa habitualmente con los adultos de la Iglesia, se produce un efecto de capacitación en distintas áreas.

Cuando los adultos que están a cargo del ministerio de jóvenes y de la catequesis para adolescentes abordan sus respectivos ministerios de una manera que desconecta la formación en la fe de la diversión con los compañeros, los adultos y los jóvenes a quienes sirven se arriesgan a estar desconectados de la realidad global. Sin descontar los diferentes objetivos y actividades en estas áreas del ministerio, la pregunta esencial para la Iglesia es si los líderes adultos, el equipo pastoral, los padres y otros adultos de la Iglesia están comunicando un mensaje coherente del Evangelio de Jesucristo de una manera motivadora.

La visión juvenil del Papa

Una marca distintiva del largo papado de san Juan Pablo II fue su llamamiento directo a la Iglesia joven. Antes de que se pusieran de moda las *selfies* con el Papa Francisco, los jóvenes adultos y los adolescentes seguían a Juan Pablo II en las peregrinaciones del Día Mundial de la Juventud. Durante su papado, surgió una imagen de la Iglesia joven mientras los peregrinos buscaban a Dios. Estudiaban sus enseñanzas en escuelas católicas y abrazaban el Evangelio de la vida. Los escritos de Juan Pablo II amplificaron las palabras de sus predecesores y reflexionaron sobre los signos de los tiempos de una forma que llevó la justicia social a un primer plano, con nuevo lenguaje e ideas, como "solidaridad" y "desarrollo". Muchos se inspiraron con la fluidez de Juan Pablo

II en los idiomas y su demostración de competencia intercultural, que le permitía hablar cómodamente con gran parte del mundo. Por ejemplo, la cantante de jazz Sarah Vaughan cantó y grabó una colección de poesía de los inicios de Juan Pablo II, traducida al inglés y hecha canción, que captaba la universalidad de la humanidad que ansía la plenitud divina.

Como el pontífice reconoció a la Iglesia joven con palabras y gestos, esta generación vislumbró lo sagrado durante su vida. Por eso, aumentó la cantidad de vocaciones y movimientos espirituales en la Iglesia en los años 70. Hasta hace poco tiempo, este era el único papa que conocían los católicos de la Generación X, y el atractivo directo para la juventud no tenía precedentes. En 1976, la Conferencia de Obispos Católicos de los EE. UU. creó *Visión para el ministerio con jóvenes*, seguido de un estudio más a fondo y la subsecuente edición de *Renovemos la visión: Fundamentos para el ministerio con jóvenes católicos* (1997).

La evolución del ministerio con adolescentes

La nueva visión para la formación en la fe de los adolescentes que se articula en estos documentos es un cambio pronunciado del modelo de educación religiosa de la escuela y el hogar, por un lado, y del modelo de viaje de esquí/parque temático/noche de pizza y gimnasio, por el otro. Este marco aborda el desarrollo espiritual completo de los adolescentes para "integrar el ministerio con adolescentes y sus familias en toda la vida y la misión de la Iglesia" (*Renovemos la misión*). Reconoce la responsabilidad de toda la comunidad, sin eximir a los padres, líderes catequéticos y párrocos de sus deberes canónicos.

Renovemos la visión articula tres objetivos para el ministerio con adolescentes:

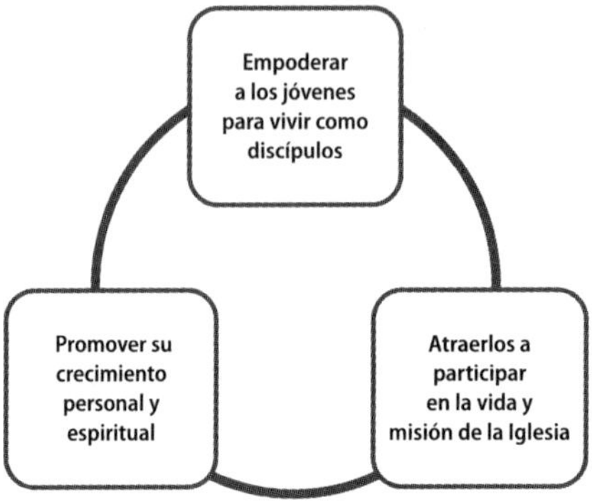

Los obispos se dirigen específicamente a la catequesis para adolescentes cuando explican: "La verdadera fe es una respuesta total de la persona: mente, corazón y voluntad. El ministerio de catequesis promueve la madurez en la fe católica en sus tres dimensiones: confianza (corazón), conocimiento y fe (mente) y acción (voluntad). La meta es que todos los jóvenes católicos participen en algún programa catequético" (*Renovemos la visión*).

Los obispos además nos recuerdan que cuando se trata de planificar la catequesis para adolescentes, debemos asegurarnos de que nuestros esfuerzos consideren lo siguiente:

- sean apropiados para su nivel de desarrollo;
- les hablen a sus necesidades, intereses y preocupaciones de adolescentes;
- sean fieles al contenido central del *Catecismo de la Iglesia Católica*;
- permitan y empoderen a los adolescentes para vivir su fe en el mundo de hoy;
- se conecten con las experiencias de vida de los adolescentes;
- empleen procesos de aprendizaje y metodologías motivadoras;
- incluyan la participación grupal;
- incluyan a los padres y les brinden apoyo;

- sean sensibles y receptivos frente a las realidades multiculturales e
- inviten a los jóvenes a explorar su propio llamado al ministerio.

En 2008, los obispos estadounidenses aprobaron y publicaron un documento creado por su Comisión sobre evangelización y catequesis titulado *Elements of a Curriculum Framework for the Development of Catechetical Materials for Young People of High School Age* [Elementos doctrinales de un marco curricular para el desarrollo de materiales catequéticos para adolescentes]. El propósito de este documento fue colaborar aún más con los responsables de la catequesis para adolescentes, para brindarles una formación completa y fiel. El marco curricular consiste en un curso de cuatro años, ocho semestres (seis cursos principales y cinco optativos) para escuelas secundarias católicas. En 2010, los obispos continuaron con una adaptación dirigida a la catequesis parroquial para adolescentes y a los programas para el ministerio de jóvenes. Los obispos explican:

> El marco curricular se diseña para brindar contenido sistemático a fin de guiar la formación catequética de los jóvenes de edad escolar en los distintos contextos catequéticos en los que tiene lugar. En particular, esta adaptación se ofrece hoy para guiar el uso del marco curricular en los programas parroquiales de educación religiosa y en la formación catequética, que es una parte constitutiva de los programas de ministerio con jóvenes [v.d.t] (Preamble to *Adaptation of the Doctrinal Elements of a Curriculum Framework for the Development of Catechetical Materials for Young People of High School Age* [Preámbulo a la Adaptación de elementos doctrinales de un marco curricular para el desarrollo de materiales catequéticos para adolescentes])

El marco consiste de los siguientes cursos principales de estudio:

1. La Revelación de Jesucristo en las Sagradas Escrituras
2. ¿Quién es Jesucristo?

3. La misión de Jesucristo: el Misterio Pascual
4. La misión de Jesucristo continúa en la Iglesia
5. Los sacramentos como encuentros privilegiados con Jesucristo
6. La vida en Jesucristo

Los cursos de estudio optativos incluyen lo siguiente:

- Las Sagradas Escrituras
- La historia de la Iglesia católica
- Vivir como discípulos de Jesucristo en la sociedad
- Responder al llamado de Jesucristo
- Temas ecuménicos e interreligiosos

El marco curricular, de acuerdo con el sacerdote norbertino Padre Alfred McBride, "le da coherencia, orden y estructura a la [gran] historia de amor [de Dios]" [v.d.t.] (*American Magazine*, "A Sturdy Framework: A Defense of the Bishops' New High School Catechesis" [Un marco sólido: Una defensa de la nueva catequesis de los obispos para adolescentes], 28 de septiembre de 2009).

El loco mundo actual de la catequesis para adolescentes

En cada época y en distintas culturas, la transición que hoy llamamos "adolescencia" está marcada por ciertos comportamientos, actitudes, modas, tendencias, discursos e idiosincrasias. Algunas culturas abordan esta transición de la niñez a la adultez por medio de rituales, ritos de iniciación y pequeñas indulgencias. Lo que en el pasado se consideraba una conducta loca, música objetable o vestimenta atrevida puede parecer moderada, si no ridícula, hoy en día. Sin embargo, en cada época, esta reacción a los comportamientos adolescentes simplemente refleja el deseo de los adultos de guiar a sus jóvenes hasta la madurez y que lleguen ilesos.

La investigación que generó el documento *Renovemos la visión* indica que los desafíos que los jóvenes enfrentan hoy exacerban los problemas que no dejan dormir a los padres y líderes adultos de los adolescentes. La investigación revela las siguientes tendencias sociales:

- Muchos adultos ya no se sienten responsables por los jóvenes que no pertenecen a su familia.
- Los padres están llevando un estilo de vida cada vez más ajetreado, y están menos disponibles y no tan familiarizados con la vida cotidiana de sus hijos ni íntimamente involucrados en ella.
- Los adultos hoy día se sienten incómodos comunicando valores morales o fijando los límites de una conducta apropiada.
- La sociedad estadounidense está cada vez más segregada por edades.
- Las familias, escuelas, parroquias y otros sistemas tradicionales de socialización están ahora más aislados, son más competitivos y desconfiados entre sí.
- Los medios de comunicación de masas tienen más influencia que nunca en las actitudes, valores y modelos de los jóvenes.
- La responsabilidad sobre los jóvenes se deja cada vez más en manos de los profesionales.

Estas tendencias contradicen la enseñanza de la Iglesia y el sentido común. Hay un tema constante de aislamiento, que es la antítesis del mandato de Cristo para una comunidad de amor que se preocupa por las necesidades corporales y espirituales de todos sus integrantes. Otro tema es la interrupción y la debilitación de la influencia familiar. Ese mensaje se proyecta en muchas películas y programas de televisión populares, en los cuales los jóvenes tienen todas las respuestas, y los padres, si es que están siquiera presentes, hacen el papel de tontos incompetentes. Esto marca una enorme divergencia en comparación con los espectáculos en los que los padres daban consejos fiables.

Navegar el mar de diversidad religiosa

A la vista de estas influencias, no debe sorprender que las actitudes religiosas de los adolescentes sean muy dispersas. Esto se agudiza especialmente en hogares donde la fe juega un papel pequeño o nulo en la vida familiar, o donde los padres son de diferentes religiones, o están culturalmente relacionados con una religión, pero no la practican. Las tasas más altas de divorcio, familias ensambladas y madres solteras son otras situaciones agravantes.

Los estudios sobre religiosidad revelan que aproximadamente el 60 por ciento de los adolescentes estadounidenses no pertenecen a ninguna religión o solo están mínimamente comprometidos. Entre aquellos que están comprometidos, sin embargo, hay un movimiento hacia la formación de "discípulos misioneros". Estos datos descriptivos captan la mayor esperanza de la Iglesia: que la evangelización cultive nuevos discípulos cuya misión sea cultivar más discípulos, como se describe en *Evangelii Gaudium: La alegría del Evangelio* (Papa Francisco, 2016).

Espirituales pero no religiosos

Literalmente, esta expresión de moda puede parecer obvia. Básicamente, los individuos en esta categoría operan desde la creencia de que cada persona puede ser su propia autoridad espiritual. Sin embargo, algunos investigadores han identificado cinco tipos de individuos con motivaciones muy diferentes que entran en esta descripción:

- *Disidentes*, algunos de los cuales protestan contra la Iglesia o están enojados con ella, mientras que otros están simplemente a la deriva.

- *Informales*, cuyo uso de ciertas enseñanzas, prácticas espirituales o guías los ayudan a sentirse mejor, pero puede que no profundicen su afinidad por Dios.
- *Exploradores*, que son como turistas espirituales que disfrutan del trayecto pero no piensan establecerse en ningún lado; puede que mezclen y combinen creencias y prácticas.
- *Buscadores*, que tratan de encontrar una nueva forma de expresión religiosa o de reclamar una experiencia religiosa pasada.
- *Inmigrantes*, que dejan una religión por otra.

Además de los *modus operandi* mencionados arriba, los investigadores, como Linda Mercadante, autora de *Belief without Borders* [Creencia sin fronteras], han ubicado seis posiciones teológicas, dentro de las religiones organizadas, que son rechazadas por este grupo de personas que se reconocen como espirituales pero no religiosas, así como también por muchos de la generación de adolescentes de hoy, aun de aquellos que asisten a los servicios eclesiales con regularidad. Estas son:

1. Exclusivismo, que rechaza a todas las religiones excepto la propia.
2. Un Dios iracundo o intervencionista.
3. Estática, vida permanente después de la muerte, con un cielo glorioso y un infierno tortuoso.
4. Tradición religiosa opresivamente autoritaria.
5. Comunidad religiosa no empírica y represiva.
6. Un concepto de que los humanos nacen siendo innatamente malos.

Tales actitudes pueden presentar una imagen de la Iglesia y sus miembros como intolerantes y desconectados. Es más, pueden convertirse en obstáculos para desarrollar una relación significativa con Jesús. Un ejemplo de un enfoque más eficaz para enseñar a estos jóvenes buscadores me lo dio un amigo y educador religioso que trabaja con adolescentes a diario. Refleja la práctica de llegar al corazón, a la mente y a la voluntad de los aprendices de discípulos.

1. El mentor debe ser genuino y sentirse seguro en su fe.
2. Da a los adolescentes oportunidades de interacción para conversar sobre información e ideas. Usa juegos y actividades de simulación que hagan que el aprendizaje sea menos abstracto para mentes que están aumentando su capacidad de sentir empatía y comprender conceptos más complejos.
3. Facilita la habilidad de los adolescentes para pensar con profundidad, analizar con sentido crítico y explorar sus preguntas sobre la fe y el mundo. Ignora su resistencia a esta dinámica.
4. Alienta la exploración de ideas y preguntas para las cuales el mentor no tiene respuestas preparadas. Esto no desvirtúa la preparación sino que, más bien, enfatiza la necesidad de valor y humildad. Recibe con alegría el movimiento del Espíritu Santo.
5. Incorpora intencionalmente la enseñanza de las Sagradas Escrituras y la Iglesia en sus interacciones con los adolescentes y ayuda a éstos a aplicar estas enseñanzas a sus experiencias.

Como líderes catequéticos, debemos hacer lo posible por entender el entorno secular y cultural en que viven nuestros jóvenes y guiarlos con integridad hacia una fe más profunda y relevante.

Prepararse para la Confirmación

En muchas diócesis de los EE. UU. el sacramento de la Confirmación se confiere en la adolescencia. Esta es una reacción lógica a los cambios multifacéticos que experimentan los jóvenes en esta etapa: físicos, intelectuales, psicológicos, emocionales y morales. Ahora son más capaces de entender el compromiso con la fe cristiana y de buscar activamente respuestas a muchas preguntas apremiantes sobre la vida, específicamente la suya. Es una oportunidad de acompañar a la juventud a través de un rito de pasaje espiritual, si están dispuestos. Al mismo tiempo, es fundamental recordar que la Confirmación no es un simple rito de pasaje de la adolescencia a la adultez, ni es un sacramento de madurez. Es un sacramento de iniciación. La Confirmación durante la adolescencia es considerada por algunos como una intervención, un medio para dirigir esta etapa natural del desarrollo adolescente hacia el sendero del crecimiento espiritual. Algunos padres y líderes catequéticos pueden usar la Confirmación como un incentivo para mantener a los adolescentes en la Iglesia. Sienten que esta es su última oportunidad de solidificar las primeras lecciones o de ayudar a aquellos que necesitan ajustar sus actitudes. Es aquí cuando suele entrar la desesperación.

Advertencia: Forzar la preparación para la Confirmación en un breve espacio de tiempo en el contexto del aula no crea discípulos de Cristo. Los programas catequéticos no deben imitar la graduación de la escuela secundaria. De lo contrario, los adolescentes continuarán recibiendo el sacramento para luego desaparecer de la Iglesia.

El ministerio de servicio y justicia

Generalmente, los programas de Confirmación involucran a los jóvenes en proyectos de servicio casuales o en el cumplimiento de horas de servicio requeridas. Este enfoque puede ser contraproducente si los jóvenes no nos ven a nosotros, los adultos de la parroquia, también participando en el servicio a quienes lo necesitan, en las obras de caridad y en obras de misericordia y justicia social como un estilo de vida. En estos casos, es entendible que los adolescentes consideren esas horas requeridas como comparables con el "servicio comunitario", que se da como castigo en lugar de cumplir sentencia en la cárcel. A menudo, los jóvenes tienen un sentido de justicia y preocupación por los demás que podemos desarrollar más durante este período con una preparación habilidosa y considerada.

Asimismo, se está haciendo más común que las escuelas públicas requieran horas de servicio. Esto hará que los adolescentes pregunten: "¿En qué se diferencia el servicio que hacemos por medio de la Iglesia del servicio que hacemos para la escuela pública?". En definitiva, el servicio que hacemos en la escuela pública está diseñado para crear buenos ciudadanos: en efecto, una actividad que vale la pena. Pero el servicio que hacemos como miembros de la Iglesia está diseñado para ayudar a los adolescentes a encontrar a Cristo y para formarlos como discípulos.

Es de vital importancia que pongamos el ministerio de servicio y justicia en el contexto de la reflexión teológica sobre el Evangelio y la enseñanza social católica. Nuestras respuestas deben abordar las necesidades genuinas de los jóvenes y promover su reflexión más profunda.

Más allá de la Confirmación, ¿qué hay?

El *Directorio Nacional para la Catequesis* lo resume de este modo: "Los programas catequísticos más efectivos para los adolescentes están integrados a un programa integral del Ministerio pastoral para Jóvenes que incluye catequesis, vida comunitaria, evangelización, justicia y servicio, desarrollo de liderazgo, cuidado pastoral y oración y culto" (*DNC*, #48D).

Los estados de ánimo, comportamientos y actitudes de los adolescentes son a veces (con bastante frecuencia) difíciles de entender o aceptar. El cuerpo, la mente y el espíritu están todos en transición. Los adolescentes están en el proceso de probar identidades en busca de una que se ajuste bien a ellos. Experimentan los desafíos de buscar intimidad, mientras afirman su independencia de la familia y de las figuras de autoridad, de descubrir lo que es profundo (asombroso), mientras perseveran en lo mundano. Además, luchan contra los impulsos en pugna por ser buenos y por ser malos. Los adolescentes nacieron para poner a prueba los límites.

Por eso, haz que la preparación para la Confirmación de tu parroquia sea más eficaz, combinándola con un programa vital para el ministerio con adolescentes. ¡Incorpora diversión, comida y compañerismo en su continua formación espiritual! Además, es importante crear una atmósfera amorosa y agradable. Dados los muchos y serios desafíos que enfrentan hoy los adolescentes, este debe ser un lugar seguro para todos, caracterizado por "la calidez, la confianza, la aceptación y el cuidado, de modo que los jóvenes puedan escuchar y responder al llamado de Dios" (*DNC*, #48D).

Los adolescentes en general, y los hispanos particularmente, a menudo necesitan sentirse útiles. Es necesario proporcionar oportunidades de servicio más allá de lo que el programa de Confirmación requiera. No se trata tampoco de voluntariados demasiado fáciles, sino de, gradualmente, ir encomendando a los adolescentes responsabilidades de liderazgo para con quienes son menores que ellos. A algunos les gusta el servicio social de asistencia en casas de ancianos o guarderías infantiles. Otros pueden empezar a servir dentro de la Iglesia como ayudantes de catequistas, monaguillos o en los coros parroquiales.

Los líderes catequéticos además pueden prestar un gran servicio ayudando a que los padres y tutores legales se armen de valor para hablar desde las bases de su fe. Es decir, ayúdalos a que hablen de la verdad en el amor y con la autoridad de Dios. La formación de grupos intergeneracionales es propicia para que los jóvenes sean testigos de la práctica de la fe. Compartir narrativas personales y actividades grupales pueden ser antídotos potentes para la miopía inducida por la segregación por edades. Personalmente disfruté una experiencia así de enriquecedora con una catequesis intergeneracional cuando preparaba a jóvenes para el sacramento de la Confirmación. El enfoque de nuestro equipo se basaba en los candidatos, sus padrinos y un miembro de la familia: un padre, abuelo, hermano mayor o primo. Todos tenían una tarea para cada sesión, entre ellas liderar la oración, hacer llamadas telefónicas recordatorias y traer un refrigerio. Nuestros jóvenes, así como los adultos, asumían la responsabilidad de la enseñanza. A menudo, un candidato y su padrino planificaban juntos los módulos de enseñanza. Como un incentivo extra, los adultos aprendían junto con los jóvenes.

La esperanza de la Confirmación es que, tras recibir el sacramento, los jóvenes actúen en función de su expreso compromiso con Dios y se comprometan a vivir como discípulos de Jesucristo. Este proceso realmente comienza con el Bautismo, que, según instruyó el Concilio Vaticano Segundo, "debe considerarse la raíz que determina la identidad de los cristianos como discípulos de Jesús, que vitaliza su crecimiento de por vida hacia la santidad de la vida" [v.d.t.] (Thomas Groome, *Will There Be Faith?* [¿Habrá fe?], 77).

Apoyo individual y orientación

La formación continua de los adolescentes puede y debe personalizarse para satisfacer las necesidades y los intereses de la juventud de hoy.

Los adolescentes hispanos en particular se enfrentan a fuertes desafíos que les pueden causar crisis de identidad cultural al no saber integrarse en la cultura de sus padres (cuyos países en realidad no conocen), y poner en conflicto sus formas de educación y de normas familiares con las de sus compañeros de clase o sus amigos de otras culturas. Esta tensión se manifiesta también en la dificultad del idioma y la comunicación en la familia. Por otra parte, la cultura intensamente oral de sus padres a menudo está en riña con la cultura tecnológica en la que están inmersos. La necesidad hispana de comunidad física y de relación se enfrenta a las relaciones cibernéticas y de redes sociales de los adolescentes. Para algunos, tales tensiones han sido causa de fuertes depresiones y desentendimiento.

En *Reimagining Faith Formation for the 21st Century: Engaging All Ages and Generations* [Reimaginar la formación en la fe para el siglo XXI: Cómo involucrar a todas las edades y generaciones], John Roberto describe un método de individualización para la preparación de la Confirmación que puede adaptarse fácilmente a la catequesis continua después de la Confirmación. Roberto sugiere utilizar una "red de Confirmación". Piensa en un grupo de jóvenes aprendices de discípulos que aprenden juntos sobre la fe por medio de actividades individuales y grupales, accediendo a recursos en línea, videos y entrevistas en persona con otros jóvenes que han sido confirmados. Esta red de recursos permite a los aprendices de discípulos conocer el contenido mediante distintas actividades y recursos que apoyen su trayecto de fe en particular, en tiempo real. Con este método, la preparación para la Confirmación no se inicia simplemente cuando un joven llega a una edad o un grado de escuela específico, sino que se hace con un discernimiento activo, junto con un padrino u otro mentor. Tales padrinos o mentores deberían poder al menos entender y simpatizar con la cultura hispana de la que provienen muchos de estos adolescentes, para así servir de puente y facilitar una comprensión de la fe que no los aleje más aún de su cultura original. El aprendiz de discípulo luego continúa con actividades y reflexión continua en diferentes contextos y formatos: individualmente, con un mentor y en comunidad. Este enfoque puede integrar una combinación de encuentros en línea y cara a cara, que son metodologías naturales, flexibles y atractivas para la juventud de hoy.

Una visión global

Este marco renovado para el ministerio de jóvenes católicos describe varios temas que incorporará una visión global. Debe ser apropiado para la edad, adecuado para la familia, multicultural, intergeneracional y contar con la colaboración de toda la comunidad. Y debe desarrollar líderes jóvenes con una programación flexible y adaptable. Algunos de estos temas ya han sido tratados en este capítulo; algunos es bueno verlos en más detalle, y a continuación, quiero agregar una nueva área, la tecnología, para incorporar en tu ministerio con la juventud.

Intergeneracional: La mayoría de los adolescentes proyectan una imagen que indica que "saben cosas", como lo que todos los demás están haciendo, vistiendo, pensando, etcétera. De hecho, saben muy poco o nada sobre estas cosas pero puede que teman preguntar. Llevar a cabo un ministerio compartido y tener conversaciones con adultos de distintas edades y experiencias puede abrir más puertas hacia la fe para los adolescentes y dar respuestas a sus preguntas no formuladas. No es raro que los jóvenes discretamente busquen una segunda opinión de un adulto confiable sobre lo que sus padres han dicho.

Liderazgo: Para el momento en que los jóvenes llegan a la adolescencia, muchos de ellos son capaces de asumir más responsabilidades en varias áreas de su vida, entre ellas, el desarrollo de su fe. Aunque puede que ingeniosamente esquiven invitaciones para dar un paso adelante e involucrarse activamente, este es un paso integral en el proceso de formación del discipulado. Se aprende mejor haciendo. Como con las clases de manejo, deben sentarse en el asiento del conductor con el motor en marcha, poner la palanca de cambios en posición de manejo y, en algún momento, poner el pie en el acelerador.

Multicultural: Informar a los jóvenes de que el término *católico* significa "universal" también debería poner el foco en la diversidad de nuestra sociedad y del mundo católico en particular. Es necesario exponer a los jóvenes de todos los grupos étnicos a la universalidad de la fe y a las diversas expresiones de catolicismo según las experimentan las personas de diferentes contextos culturales. En general, los jóvenes de hoy están más expuestos a diferentes culturas que nuestros padres. La inculturación (la evangelización de las culturas) es una de las tareas de la evangelización. La formación moral eficaz preparará a los adolescentes para respetar a los demás y apreciar la diversidad como un don de Dios.

Tecnología: El documento *Renovemos la visión* fue publicado antes del surgimiento de los dispositivos móviles y las redes sociales, los cuales han tenido una influencia profunda en la interacción humana. Las tecnologías digitales, satelitales y emergentes están generando nuevas redes e interacciones sociales. "La información es ahora portátil, participativa y personal" [v.d.t] (John Roberto, *Reimagining Faith Formation for the 21st Century* [Reimaginar la formación en la fe para el siglo XXI]). Esta tecnología nos permite conectarnos con personas que comparten nuestras preferencias, intereses y aspiraciones. Dentro de estas redes imprecisas, el individuo es el foco, no la familia ni la comunidad. Sin embargo, nosotros y nuestros adolescentes ansiamos una comunidad y luchamos para encontrarla o crearla. Debemos usar la tecnología para involucrar a los jóvenes, ayudándolos siempre a conectarse con personas y establecer relaciones reales.

La alegría de la catequesis para adolescentes

De particular importancia y ayuda para ti, como líder catequético que trabaja con adolescentes, es el documento *The Joy of Adolescent Catechesis* [La alegría de la catequesis para adolescentes], un esfuerzo colaborativo de la Federación Nacional para el Ministerio de la Juventud Católica, la Asociación Nacional de Educación Católica y la Conferencia Nacional para el Liderazgo Catequético. Este recurso articula una visión compartida para todos los que trabajan en la formación en la fe con los jóvenes y sirve para informar, inspirar y desafiar a aquellos que lideran la catequesis para adolescentes. Este valioso recurso no se mantiene al margen de los desafíos de trabajar con la juventud en el área de formación en la fe sino, más bien, ofrece aliento y apoyo a aquellos que lideran la catequesis para adolescentes, para que puedan ayudar a que los jóvenes se enamoren más profundamente de Jesucristo. La Red Nacional para la Pastoral Juvenil Hispana trabaja también en estrecha colaboración con la Federación Nacional. Al igual que el Instituto Fe y Vida ofrece una importante variedad de recursos.

Resumen: formación de discípulos prudentes

Las necias tomaron sus lámparas pero no llevaron aceite. Las prudentes llevaban frascos de aceite con sus lámparas. (Mt 25:3–4)

En la parábola de Jesús de las diez vírgenes que esperaban al novio, cinco de las mujeres estaban preparadas con aceite de más y cinco, tontamente, dejaron que se les acabara el aceite de las lámparas. Todos nosotros, incluidos los jóvenes, hacemos cosas tontas de vez en cuando. Algunos jóvenes responderán y estarán listos; otros llegarán tarde, o al menos esperamos que lo hagan. Padres, abuelos, ministros de la juventud y líderes catequéticos, todos hacen su parte para asegurar un pasaje seguro de la juventud a la adultez.

La catequesis no es una vacuna contra el embarazo adolescente, el abuso del alcohol, el suicidio, el acoso cibernético u otros peligros. La influencia de la familia, la transmisión generacional de las creencias de la fe, la cultura popular y la libre voluntad, todos formarán firmemente las actitudes de los jóvenes sobre Dios y la religión. Sin embargo, la catequesis eficaz puede ser un canal para el continuo movimiento del Espíritu Santo en su vida, un movimiento que comenzó en el Bautismo. El enfoque actual para la formación en la fe con adolescentes necesita enfocarse más que nunca en tres objetivos: empoderar a los jóvenes para que vivan como discípulos de Jesucristo en el mundo de hoy; atraer a los jóvenes a la participación responsable en la vida, misión y obra de la comunidad católica de la fe; y promover la plena madurez personal y espiritual de cada joven.

Para reflexionar y conversar

- ¿Qué esperanza ves en los rostros de los adolescentes en tu contexto catequético: en aquellos que observas desde la primera infancia y en otros que son nuevos?
- ¿Cómo describirías sus desafíos actuales, según tu entendimiento?
- ¿Es tu programa catequético actual un vehículo sólido para esta etapa en el trayecto de tus adolescentes hacia la eternidad? ¿Promueve el desarrollo integral de la fe que hace crecer la confianza, el conocimiento/la creencia y el comportamiento, es decir, corazón, mente y voluntad?

Madurar como líder catequético

La "Iglesia joven" es un nombre maravillosamente esperanzador, aunque hay desafíos especiales cuando se hace ministerio con adolescentes. Evalúa los vínculos débiles de tu parroquia en esta área del ministerio. ¿Están unidos en función y objetivo tu ministerio juvenil y tu ministerio catequético (ya sea que estén en una misma estructura o no)? Crea oportunidades para que tus catequistas y moderadores del ministerio juvenil se enriquezcan mutuamente. ¿Cómo puedes acortar la brecha (de ser necesario) para establecer/reforzar un ministerio global para la juventud? Inicia una conversación con líderes de ministerios que tenga alguna conexión con los jóvenes a fin de involucrar a toda la comunidad de fe. Colabora con líderes parroquiales para crear espacios para que los jóvenes aprendices se comporten como cristianos.

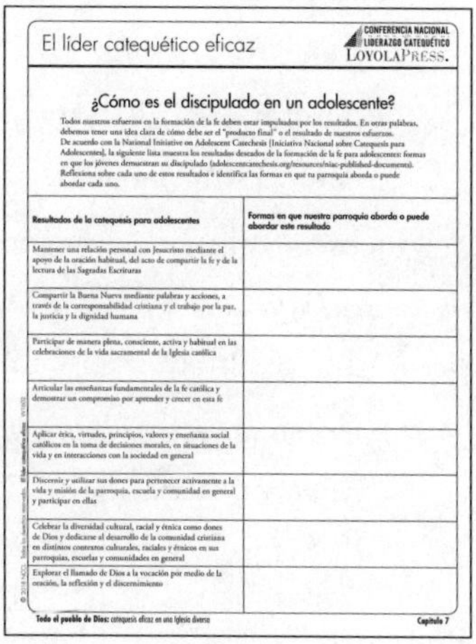

El líder catequético eficaz

CONFERENCIA NACIONAL LIDERAZGO CATEQUÉTICO
LOYOLAPRESS.

¿Cómo es el discipulado en un adolescente?

Todos nuestros esfuerzos en la formación de la fe deben estar impulsados por los resultados. En otras palabras, debemos tener una idea clara de cómo debe ser el "producto final" o el resultado de nuestros esfuerzos. De acuerdo con la National Initiative on Adolescent Catechesis [Iniciativa Nacional sobre Catequesis para Adolescentes], la siguiente lista muestra los resultados deseados de la formación de la fe para adolescentes: formas en que los jóvenes demuestran su discipulado (adolescentcatechesis.org/resources/niac-published-documents). Reflexiona sobre cada uno de estos resultados e identifica las formas en que tu parroquia aborda o puede abordar cada uno.

Resultados de la catequesis para adolescentes	Formas en que nuestra parroquia aborda o puede abordar este resultado
Mantener una relación personal con Jesucristo mediante el apoyo de la oración habitual, del acto de compartir la fe y de la lectura de las Sagradas Escrituras	
Compartir la Buena Nueva mediante palabras y acciones, a través de la corresponsabilidad cristiana y el trabajo por la paz, la justicia y la dignidad humana	
Participar de manera plena, consciente, activa y habitual en las celebraciones de la vida sacramental de la Iglesia católica	
Articular las enseñanzas fundamentales de la fe católica y demostrar un compromiso por aprender y crecer en esta fe	
Aplicar ética, virtudes, principios, valores y enseñanza social católicos en la toma de decisiones morales, en situaciones de la vida y en interacciones con la sociedad en general	
Discernir y utilizar sus dones para pertenecer activamente a la vida y misión de la parroquia, escuela y comunidad en general y participar en ellas	
Celebrar la diversidad cultural, racial y étnica como dones de Dios y dedicarse al desarrollo de la comunidad cristiana en distintos contextos culturales, raciales y étnicos en sus parroquias, escuelas y comunidades en general	
Explorar el llamado de Dios a la vocación por medio de la oración, la reflexión y el discernimiento	

Todo el pueblo de Dios: catequesis eficaz en una Iglesia diversa — Capítulo 7

Visita www.loyolapress.com/lce para acceder a la hoja de ejercicios.

Acción sugerida

Pide al grupo que te cuente una historia de lo que creen a través de la creación de una serie de memes. Usando el Credo o la profesión de fe, línea por línea, pídele al grupo que haga memes, trabajando individualmente, en parejas o pequeños grupos. Comparte el producto final en un evento parroquial o con estudiantes más jóvenes, por ejemplo, jóvenes en la escuela parroquial o en el programa de educación religiosa.

Recursos adicionales

En español

Baer, Nils: *Libro para la Confirmación*. Madrid: Editorial Encuentro, 2013.

Equipo Editorial: *Recursos para la catequesis de adolescentes*. Buenos Aires: Editorial Claretiana.

Huebsch, Bill: *La catequesis de toda la comunidad. Hacia una catequesis con todos, por todos y para todos*. Santander: Sal Terrae, 2006.

Renovemos la visión: Fundamentos para el ministerio con jóvenes católicos. Washington, DC: Conferencia de Obispos Católicos de los Estados Unidos, 1997.

En inglés

The Joy of Adolescent Catechesis [La alegría de la catequesis para adolescentes]. National Federation for Catholic Youth Ministry (Arlington, VA: National Catholic Education Association, 2016).

Reimagining Faith Formation for the 21st Century: Engaging All Ages and Generations [Reimaginar la formación en la fe para el siglo XXI: Cómo involucrar a todas las edades y generaciones]. John Roberto (Naugatuck, CT: Lifelong Faith Associates, 2015).

Will There Be Faith? A New Vision for Educating and Growing Disciples [¿Habrá fe? Una nueva visión para educar y formar discípulos]. Thomas H. Groome (Nueva York, NY: HarperOne, 2011).

Whole Community Catechesis in Plain English [Catequesis sencilla para toda la comunidad]. Bill Huebsch (New London, CT: Twenty-Third Publications, 2002).

8

Dejen a los niños que se acerquen a mí: catequesis para niños en edad escolar

Expectativas mágicas

Recuerdo claramente que de niña miraba hacia arriba y seguía el sendero de querubines pintados en los murales del techo, sobre el altar de mi iglesia. Los rostros de los querubines eran siempre blancos, lo que me confundía aun entonces. Sin embargo, me imaginaba a mí misma, y a otros como yo, escondidos en las nubes de aquellas escenas celestiales. Recuerdo el movimiento suave de los acólitos haciendo la colecta y, siempre, la música. Hoy, disfruto de los antiguos himnos católicos porque los oía con frecuencia en misa, junto con la música de la guitarra que indicaba una nueva época. ¿Cuáles son tus primeros recuerdos? ¿Es el olor del incienso, el sonido del órgano, el toque de las campanas?

Desde el punto de vista de un niño, la experiencia de fe generalmente comienza con una expectativa mágica. Hay gestos y experiencias únicos de la iglesia: las oraciones rituales y las vestiduras especiales, los manteles del altar y los recipientes brillantes, el incienso y las campanas, las procesiones y los himnos. Estas imágenes y sonidos crean una sensación de asombro y sobrecogimiento para los cuales los niños tienen una capacidad aparentemente ilimitada. Su mundo está lleno de héroes e historias de aventuras: así, las historias de la Biblia, las vidas de los santos y el ministerio de Jesús alimentan la imaginación religiosa de los niños. La infancia es una época natural para la formación en la fe. Sin embargo, nuestro sistema catequético actual, que está centrado en la enseñanza religiosa de los niños solamente, no está funcionando actualmente.

Tenemos un problema

¡Las familias modernas están ocupadas! Los niños participan en equipos deportivos, clases de música, compañías de danza y actividades de enriquecimiento cultural: todas ellas compiten intensamente con los programas de formación religiosa y a menudo ganan. Los padres invierten tiempo valioso y recursos económicos en actividades extracurriculares cuidadosamente seleccionadas que prometen ventajas para sus niños, como éxito académico, salud física, popularidad y formación del carácter. Muchas organizaciones patrocinadoras imponen prácticas o ensayos obligatorios u otros requisitos estrictos. Tales compromisos múltiples, sumados a la escuela de los niños y el trabajo de los padres (quienes los llevan), hacen que establecer un horario sea un tremendo desafío. Como las familias se sienten presionadas en tantas direcciones, lo que puede pasar es que perciban que la formación en la fe es tan solo una actividad más entre muchas. Los cambios drásticos en la estructura familiar plantean otros desafíos.

La prevalencia del divorcio tiene como consecuencia que muchos niños en edad escolar sean llevados de casa de un padre a casa del otro semana a semana. Para agravar la situación, los hijos de padres divorciados deben adaptarse a los matices de la vida familiar en múltiples hogares, con diferentes reglas, expectativas y dinámica de relaciones. Otras configuraciones familiares, como madres/padres solteros, parejas del mismo sexo, parejas que viven juntas sin haberse casado y padres casados con relaciones frágiles o disfuncionales: todos presentan alternativas que desafían la enseñanza oficial de la Iglesia.

Entonces, ¿cómo afecta a la catequesis la vida familiar de hoy? ¿Cómo refuerza o erosiona la perspectiva infantil de Dios como Padre fiel, amoroso y confiable? Estas son cuestiones sobre las que nosotros, como líderes catequéticos, debemos reflexionar.

Los niños no aprenden la fe en un vacío

Tradicionalmente, la inscripción en programas de educación religiosa ha sido la más alta en niños en edad escolar. Los catequistas se comprometen con mayor facilidad con el servicio de compartir la fe con niños de escuela primaria que con cualquier otro grupo etario. A menudo, los padres y los abuelos se hacen cargo de la tarea de enseñar y hay abundancia de material para la formación en la fe en niños en edad escolar. Además, las preguntas que hacen los niños pequeños (y que necesitan que se les responda) sobre la fe pueden ser "más fáciles" de abordar que las preguntas formuladas por adultos. El objetivo de la familia y los líderes catequéticos parece ser: "Coloca buenos cimientos y no se alejarán. . . mucho".

A pesar de la sustancial inversión en catequesis para jóvenes, los estudios actuales sobre religiosidad concluyen que la Iglesia está perdiendo más discípulos jóvenes entre la niñez y la adolescencia que entre adolescentes y jóvenes adultos (John Roberto, *Reimagining Faith Formation for the 21st Century* [Reimaginar la formación en la fe para el siglo XXI]). En otras palabras, para el momento en que los niños dejen la escuela primaria, muchos ya se habrán ido de la Iglesia mentalmente, aunque no se hayan ido físicamente.

Quizás lo primero que podemos hacer para abordar los desafíos que enfrentamos en la catequesis para niños en edad escolar es admitir que ya no puede haber una "catequesis para niños". Solo puede haber catequesis de *niños y sus familias*. Debemos aceptar el hecho de que, al hacer formación en la fe para niños hoy, hemos de abordar las necesidades de la familia entera. Los niños no aprenden la fe en un vacío.

Durante demasiado tiempo hemos estado intentando inculcar creencias, valores y prácticas en niños sin el apoyo que las familias y las comunidades brindaban en otras épocas. Cualquier conversación sobre la formación en la fe en los niños debe ser una conversación sobre la formación en la fe en la familia.

Catequesis eficaz para niños y familias

La solución, por supuesto, es no abandonar la formación en la fe para niños. Por el contrario, los estudios siguen mostrando que las semillas de una fe sólida y duradera se plantan en las primeras etapas de la vida. Por mucho que seamos llamados a darle prioridad a la formación en la fe para adultos, el objetivo primordial es crear familias y comunidades donde esos adultos estén más cabalmente equipados para inculcar la fe en otros y, especialmente, en sus hijos.

Con eso en mente, tratemos de identificar algunos principios clave en los cuales necesitarás confiar como líder catequético cuando se trate de catequizar a niños y familias.

1. **Brinda una estructura y una doctrina sólidas.** Los niños necesitan estructura en su vida. Una clave para el éxito de cualquier formato de catequesis para el niño y la familia consiste en brindar una estructura que ayude a que la familia establezca una rutina. Mejor aún, ayuda a que los padres conviertan la rutina en un ritual, para que los jóvenes reconozcan la prioridad y la importancia de su formación en la fe. Del mismo modo, es crucial usar los recursos que no solo sean motivadores para los niños y las familias, sino que también sean fieles a la enseñanza de la Iglesia. Los obispos católicos de los EE. UU. tienen un proceso estricto para la aprobación de recursos escritos para la catequesis, asegúrate de que las familias estén usando recursos en conformidad con el *Catecismo de la Iglesia Católica*. Si bien hay una variedad de recursos disponibles, entre ellos recursos en línea

y videos, siempre es importante tener un texto escrito como referencia para tener la terminología más completa y precisa sobre la fe católica.

2. **Evita el modelo/enfoque académico.** Vale la pena repetir que la formación en la fe no es la enseñanza de una materia o tema; más bien, es un encuentro con la Palabra Viva de Dios, Jesucristo. Cualquier programa de formación en la fe para el niño/la familia debe evitar un enfoque estrictamente académico para transmitir la fe. Mientras que la formación en la fe sí tiene un componente intelectual crucial, ese conocimiento debe arraigarse dentro del contexto de una relación afectiva con Jesucristo: algo que es promovido y apoyado principalmente a través de las experiencias de la oración.
3. **Piensa en términos intergeneracionales.** Los niños necesitan aprender de sus compañeros y de otros adultos. Para que los niños sean aprendices de la forma de vida católica, es preciso que haya adultos presentes que sirvan como mentores. Asimismo, los mayores, como los abuelos, sirven como ejemplos importantes y transmisores de sabiduría y prácticas católicas para los chicos, mientras se esfuerzan por integrar las enseñanzas de Jesús y las tradiciones de la Iglesia en su vida.
4. **Ten altas expectativas de los padres y empodéralos.** Durante demasiado tiempo, les hemos comunicado a los padres que pueden dejar a sus hijos en la parroquia y venirlos a buscar "cuando sean católicos". Las estructuras de la sociedad que una vez apoyaron este tipo de modelo para la formación en la fe ya no existen. Como resultado, debe hacerse todo el esfuerzo por involucrar a los padres en la experiencia de formar a sus hijos en la fe. Los padres siguen siendo la influencia más significativa en la formación de sus hijos. Como líder catequético, tu trabajo consiste en comunicar las expectativas a los padres, asegurarles

apoyo y empoderarlos para que puedan aceptar su papel como principales educadores de sus hijos.

5. **Incluye servicio y misión.** No es necesario esperar hasta que los jóvenes comiencen la preparación para los sacramentos para invitarlos a participar en la mayoría de los aspectos de la misión de la Iglesia. Hasta los niños muy pequeños son capaces de apreciar el valor de ayudar a quienes lo necesitan. Los niños en edad escolar son capaces de entender que el amor de Jesús por las personas se expresaba en sus palabras, acciones y actitudes hacia los demás. Pueden imitar el amor en acción como se ve en la vida de la Santísima Virgen María, san José, los discípulos y los santos. Es más, los niños pueden ser testigos de la ayuda compasiva realizada por un familiar que visita a ancianos o vecinos confinados en su hogar.

   La catequesis para el servicio y la justicia va más allá de hacer "buenas obras". Ayuda a que los jóvenes discípulos cultiven la conciencia a través de una identidad cristiana que valore la compasión, la misericordia, la reconciliación y la paz. Con reflexión y práctica, los jóvenes cultivarán un interés genuino por el bienestar de los demás, que puede aplicarse en casa, en la escuela y en el mundo. El servicio y la justicia deben anclarse en la oración, arraigarse en las Sagradas Escrituras y basarse en los sacramentos: particularmente, el Bautismo, la Eucaristía y la Reconciliación. Incluye siempre tiempo para la oración y la reflexión de los niños durante sus tareas de servicio. Inicia a los niños pequeños en "los dos pies del amor en acción: caridad y justicia" (USCCB). Enseña a los niños mayores cómo usar el proceso de reflexión del Círculo Pastoral (ver-juzgar-actuar) para entender problemas sociales a la luz del Evangelio.

6. **Infunde experiencias de formación en la fe con la oración.** El *Directorio General para la Catequesis* nos indica que la catequesis es más eficaz en el logro de sus fines cuando sucede dentro de un

clima de oración. Esto significa mucho más que comenzar y terminar las experiencias de formación en la fe con el rezo indiferente de una oración tradicional. Más bien, significa que es necesario invitar a los chicos a encontrar a Jesús verdaderamente en una oración que sea reflexiva y les permita permanecer en silencio y hablar con Jesús o escucharlo en el silencio de su corazón.

7. **Crea una sensación de misterio, asombro y sobrecogimiento.** Los niños tienen una capacidad innata para captar el mundo del misterio, ya que todavía tienen un sentido de asombro y sobrecogimiento que no ha sido inhibido por la razón y la lógica de la edad adulta. Como resultado, la formación en la fe debe incorporar un sentido del misterio que puede experimentarse solo a través de la oración y el lenguaje de misterio, que incluye el silencio, el ritual, las señales, los símbolos, la música y la narración de historias, por mencionar algunos ejemplos.

   Con respecto a la narración de historias, un objetivo predominante debe ser que los niños lleguen a conocer la historia de la salvación y a apropiársela como suya. Asimismo, los niños se fascinan con los héroes y las historias de aventuras, que no son pocas en las Sagradas Escrituras y en la vida de los santos. Hay que incluir el testimonio de jóvenes como ellos, así como también de santos de todas las regiones del mundo. Es fundamental que se presente el testimonio de mujeres de fe. Por ejemplo, enséñales sobre la reina Ester, sobre Verónica en su camino al Calvario y las cualidades de la mujer virtuosa descrita en Proverbios 31. Complementa las clases con arte, música, poesía y películas sacras e inspiradoras. Incorpora la naturaleza. Alienta las expresiones personales de los niños.

8. **Enlaza la Eucaristía.** En el centro de la forma de vida católica está la Eucaristía. La formación en la fe debe fluir desde la celebración de la Eucaristía del domingo y conducir a ella. Todos

los que hemos sido bautizados, hemos sido bautizados por una razón: para que se nos permita llegar a la mesa del Señor y ser alimentados y nutridos con la Palabra y los sacramentos. Somos incapaces de autosustentarnos, y es a través de Jesucristo —a quien encontramos más profundamente en la Eucaristía— que "vivimos, nos movemos y existimos". Todos los esfuerzos de la formación en la fe deben promover un mayor deseo y apreciación por la Eucaristía.

9. **Ofrece opciones y flexibilidad.** Hoy en día, las familias enfrentan desafíos nunca antes vistos, y la vida familiar es más ajetreada y compleja que nunca. Como resultado, un mismo enfoque de formación en la fe no funcionará para todos. Si bien no puedes satisfacer las necesidades específicas y singulares de cada familia que participa en tu programa, es imprescindible que les ofrezcas opciones y muestres flexibilidad que respete las ocupaciones y complejidades de la vida familiar.
10. **Presta atención a los distintos estilos de aprendizaje.** En su libro *Estructuras de la mente: La teoría de las inteligencias múltiples* (España: Fondo de Cultura Económica, 2009), Howard Gardner explica que las personas aprenden de distintas maneras, y por lo tanto hay que ofrecer una variedad de experiencias de aprendizaje. Esto es así especialmente cuando trabajamos con niños en la formación en la fe. Asegúrate de incorporar actividades variadas que enfaticen los siguientes estilos de aprendizaje:

    a. *Lingüístico:* para niños que aprenden mejor a través de la lectura, la escritura y la conversación.

    b. *Musical:* para niños que tienen un buen sentido del ritmo y la melodía, y a quienes les encanta cantar, tararear, corear o rapear.

c. *Lógico/Matemático:* para niños que tienden a pensar en números y patrones, y a quienes les encanta resolver problemas.
d. *Visual y espacial:* para niños que tienden a pensar en imágenes y dibujos, y disfrutan haciendo carteles, collages, gráficos, cuadros u otros diseños.
e. *Corporal:* para niños con buena coordinación que disfrutan al hacer gestos, usar lenguaje corporal y realizar actividades prácticas.
f. *Naturalista:* para niños que son intensamente conscientes del mundo natural y aprenden mejor cuando el contenido se relaciona con la naturaleza.
g. *Interpersonal:* para niños que aprenden mejor interactuando con otros y disfrutan las experiencias de aprendizaje colaborativo (grupos y parejas).
h. *De uno mismo:* para niños que son introspectivos, que disfrutan pasando tiempo solos en calma y aprenden mejor cuando se les da el tiempo para procesar la información solos.

Parábola de los diez talentos

Tengo nítidos recuerdos de la iglesia en tiempos de mi niñez, cuando me vestía con mi ropa de domingo, cuando la familia se amontonaba dentro del auto, cómo evitábamos la separación en los asientos de vinilo, cómo preferíamos a ciertos sacerdotes y cómo esperábamos los *waffles* después de la misa. Sin embargo, una experiencia de fe en particular permanece en mi memoria. Recuerdo bien a un joven sacerdote sociable que bajaba del púlpito al nivel de la congregación. Anunció que la parroquia establecería una misa para los niños. No recuerdo el mensaje exacto del padre G., sino su interpretación de la parábola de los talentos, una historia en la cual alguien distribuía monedas (talentos) de forma desigual. Una persona recibía diez, otra persona recibía cinco y otra recibía solo una moneda. Esto grabó en mi mente la importancia de usar lo que Dios me dio. Me pregunté cuántos talentos me habría dado Dios y prometí no enterrarlos. Se había encendido mi imaginación religiosa.

"La tarea más importante de la catequesis para niños es proveer, a través del testimonio de las personas adultas, un ambiente en el cual los niños puedan desarrollarse en la fe" (*DNC*, #48E). Lo ideal es que la fe crezca a un ritmo natural en el pulso de la vida familiar. Al igual que otras prácticas y rutinas familiares —como lavarse los dientes a la hora de acostarse, lavarse las manos antes de comer, las vacaciones familiares en el verano, las fotos del primer día de escuela—, la oración familiar y otras tradiciones se transforman en algo normal. Sabemos que esta es la forma en la que se hacen las cosas, hasta que nos vamos de casa y nos enteramos de que hay otras posibilidades.

La formación de la conciencia

¿Recuerdas cómo era y cómo se sentía el pecado cuando eras niño? Tal vez los primeros desafíos morales suponían ocultar la verdad, comer carne en un día de abstinencia, disfrutar de algún chisme o excluir a un compañero de clase durante el recreo. El miedo al castigo o la desaprobación de figuras de autoridad, como los padres, abuelos y maestros, generalmente disuade a los niños muy pequeños. Al reaccionar a esa motivación, la conciencia en desarrollo de un niño pequeño puede hacerle evitar y/o lamentar el "mal" comportamiento.

Usualmente hacia los siete años, que la Iglesia ha considerado como la "edad de la razón", los niños son capaces de distinguir lo correcto de lo equivocado y su conciencia está comenzando a emerger. La fe, la actitud hacia otros seres humanos y la confianza en un Dios amoroso que tienen los padres influyen en el desarrollo de la fe del niño (*DNC*). Esta formación de la conciencia, que comienza en casa, se amplía a través de los programas de formación religiosa y se fortalece con las experiencias compartidas de la fe en la liturgia, la oración y el servicio a los demás. La introducción de la catequesis fuera del hogar está pensada como un puente entre la iglesia doméstica y la comunidad de fe de la parroquia, y no un reemplazo de una de las dos.

¿Qué sucede cuando el comportamiento en el hogar contradice las lecciones recibidas en la educación religiosa o el mensaje desde el púlpito, y viceversa? He sido testigo de demasiadas situaciones donde los niños asisten a educación religiosa mientras sus padres están en misa (un conflicto de horario imperdonable de parte de la parroquia). O se deja a los niños en educación religiosa, se los recoge más tarde, y nadie va a misa. O los niños llegan tarde y mal preparados para la formación en la fe. Esta conducta por parte de los padres es un ejemplo de tibios esfuerzos en la fe e indica que los asuntos religiosos no tienen mucha prioridad. El desafío del líder catequético de hoy consiste en crear una estructura y un formato para la formación en la fe que comunique su importancia, prioridad y significado para el bienestar de toda la familia.

A los niños los rituales y las rutinas les parecen tanto intrigantes como reconfortantes, aunque experimenten aburrimiento en el proceso. La catequesis eficaz puede revelar los misterios de la fe que significan los rituales religiosos. El entendimiento puede acelerarse y profundizarse cuando los niños se involucran en las prácticas comunitarias de las celebraciones litúrgicas, los servicios de oración y las actividades de aprendizaje que sirven como portales para el entendimiento de verdades sagradas.

La Iglesia joven de hoy

La idea de ver a los niños solo como "la Iglesia del futuro" es algo del pasado. ¡Ellos son parte de la Iglesia *ahora*! Como indica el *Directorio Nacional para la Catequesis*: "Los niños tienen una dignidad propia. . .

[S]on importantes no sólo por lo que harán en el futuro, sino por quienes son actualmente" (*DNC*, #48E). Junto con los músculos y huesos, la conciencia moral de un niño está creciendo. Los niños tienen influencia en sus amigos, hermanos y padres en el presente. Algunos están empezando a discernir una vocación mientras sueñan sobre el futuro. Muchos están descubriendo y probando su habilidad en ciencias, matemáticas, deportes, las artes y otras áreas. Para todos nosotros, el desarrollo humano en todas las dimensiones es un trayecto que dura toda la vida, y el modo en que practicamos nuestra fe siempre toca a los demás.

Resumen: ¿Qué observas?

Seguían con los ojos fijos en el cielo mientras él se marchaba, cuando dos personas vestidas de blanco se les presentaron y les dijeron: "Hombres de Galilea, ¿qué hacen ahí mirando al cielo?". (Hch 1:10–11a)

El *Directorio Nacional para la Catequesis* sintetiza la orientación y el desafío de catequizar a niños mayores de esta manera: "Ayudarles en la práctica de la observación, interpretación y evaluación de sus experiencias, en el aprendizaje para atribuir un mensaje cristiano a sus vidas y para aprender a actuar de acuerdo con las normas de la fe y el amor —la presencia en la sociedad actual de muchos valores conflictivos hace que sea aún más importante ayudar a los jóvenes a interiorizar valores auténticos" (*DNC*, #48E).

Pese a los cuantiosos recursos invertidos en la catequesis para niños, la Iglesia está perdiendo más jóvenes entre la niñez y la adolescencia que entre la adolescencia y la adultez joven, a pesar de que el grupo más joven sea una audiencia más o menos cautiva, ya que no conducen automóviles y son dependientes de las decisiones de los padres sobre cómo pasan el tiempo. El abismo entre los conceptos abstractos de la fe y las prácticas religiosas misteriosas por un lado, y la praxis de una fe tanto activa como viviente por el otro, puede llenarse con una nueva visión y metodología.

Los jóvenes de hoy están sumergidos en la tecnología. Este hecho, sumado a los horarios erráticos del hogar, respalda la integración de nuevos soportes de enseñanza, como las tareas de estudio en línea y las aplicaciones para la oración y la Biblia en sus dispositivos móviles. Una fe que está madurando es impulsada por un deseo creciente de un conocimiento más profundo de la verdad de la fe (*DNC*). Así, el currículo catequético debe ser **contextual:** "que aborde las necesidades, ansias, intereses y preocupaciones de la gente hoy y su singular trayecto espiritual y de fe con la aceptación de un enfoque que vaya de *la vida* a *la fe y de vuelta* a *la vida*" [v.d.t.] (Roberto, *Reimagining Faith Formation for the 21st Century* [Reimaginar la formación en la fe para el siglo XXI]). Además debe ser **multiplataforma:** "ofrecido y llevado a cabo en múltiples contextos —de manera independiente, con mentor, en el hogar, en grupos pequeños, en grupos grandes, que alcance a toda la iglesia, en la comunidad y en el mundo— y en ambientes de aprendizaje físicos y en línea" [v.d.t.]. Es hora de dejar de contemplar el cielo. En cambio, mira a los ojos y corazones de los jóvenes y a los responsables de su cuidado. Ayúdalos a reconocer que hoy el Evangelio es todavía la mejor noticia para su mundo y el nuestro.

Para reflexionar y conversar

- ¿Cuáles son los recuerdos más vívidos de tu formación en la fe en tu niñez?
- ¿Por qué es apropiado decir que no debemos ya hablar de "catequesis para niños", sino solo de catequesis para los niños y sus familias?
- ¿Es tu programa parroquial capaz de ir más allá del modelo escolar? ¿Cómo pueden tu equipo y tú incorporar creativamente

nuevos principios y enseñar de acuerdo con los estilos de aprendizaje de los niños?

- ¿Cómo puedes, como líder catequético, equipar y empoderar a los padres para que acepten su papel como educadores principales de sus hijos? ¿Qué tipo de ayuda es la que los padres más necesitan?

Madurar como líder catequético

Considera algunos de los temas más espinosos que enfrenta tu programa catequético para niños. ¿Hay maneras específicas en las que la participación de los padres podría realzar el programa? ¿Cómo podría el programa catequético para jóvenes alimentar espiritualmente a los padres (tutores legales)? ¿Hay oportunidades para el estudio paralelo? ¿Hay un lugar cómodo y acogedor para que los adultos se reúnan para conversar o presentar temas similares a los que los jóvenes están estudiando pero en un nivel más profundo? ¿Cuáles son los intereses de cada grupo de padres? ¿Quién más, en el equipo pastoral, debe ser consultado para coordinar oportunidades catequéticas dirigidas a los padres? Involucrar a los padres es un enfoque vital para ayudarlos a que catequicen a sus hijos con eficacia.

El líder catequético eficaz

CONFERENCIA NACIONAL LIDERAZGO CATEQUÉTICO
LOYOLAPRESS.

Entrar por SU puerta

San Ignacio de Loyola creía que la manera más eficaz de convencer a alguien de tu idea, argumento o enseñanza era "entrando por su puerta", pero asegurándote de "salir por la tuya". En otras palabras, es necesario conectarnos con los demás donde se encuentren. Con los niños esto es especialmente importante porque están avanzando con rapidez en las etapas de su desarrollo. A continuación se presenta un cuadro con distintas técnicas y estrategias de enseñanza organizadas según los grupos etarios para los que resultan más eficaces. Anota cualquier idea nueva o sugerencia que tengas para fortalecer estas técnicas en tu parroquia.

Grupo etario	Estrategias, técnicas y actividades eficaces	Ideas/sugerencias adicionales
Educación parvularia o primaria (preescolar hasta grado 3)	• Narración de historias • Rituales • Dibujar/hacer manualidades • Dramatizaciones • Juegos • Memorizar • Música, canto, baile, movimiento • Teatro de títeres • Puestos de aprendizaje • Hojas de actividades/hojas maestras en blanco	
Intermedio (grados 4– 6)	• Lectura • Actividades prácticas/excursiones • Creación de dioramas • Tecnología/AV/digital • Historias de la Biblia • Meditaciones guiadas • Cantar y hacer música • Aprendizaje colaborativo • Puestos de aprendizaje • Hojas de actividades/hojas maestras en blanco	
Escuela secundaria (grados 7–8)	• Música contemporánea • Tecnología/redes sociales • Tirar la pelota para leer un texto • Diálogos en grupos pequeños • Rompehielos • Utilería • Artesanías/manualidades • Presentaciones • Temas de actualidad • Actividad "de *jigsaw*"	

Todo el pueblo de Dios: catequesis eficaz en una Iglesia diversa — **Capítulo 8**

Visita www.loyolapress.com/lce para acceder a la hoja de ejercicios.

Acción sugerida

Dios no entrega boletas de calificaciones, notas de castigo o estrellas doradas. Más bien, invita a que los niños vayan a él, a que le hablen, a que confíen y sigan sus pasos. Ampliando la mirada sobre la catequesis y viéndola como un trayecto que dura toda la vida, haz una lista de las cosas que estás haciendo hoy que enfatizan esta invitación a que Dios domine el contenido. Identifica qué otros pasos puedes dar para crear un ambiente en el cual los niños puedan oír a Dios llamándolos por su nombre. Ahora, menciona una acción que realizarás esta temporada para modificar tu enfoque y catequizar a los niños en edad escolar de un modo más eficaz.

Recursos adicionales

En español

Benavides, Luis M.: *Catequesis con niños pequeños*. Buenos Aires: Editorial Claretiana.

Conferencia de Obispos Católicos de los Estados Unidos, Secretaría de Evangelización y Catequesis en http://www.usccb.org.

Varios autores: *Catequesis dominical con niños desde el Evangelio*. Buenos Aires: Editorial Claretiana.

En inglés

Reimagining Faith Formation for the 21st Century: Engaging All Ages and Generations [Reimaginar la formación en la fe para el siglo XXI: Cómo involucrar a todas las edades y generaciones]. John Roberto (Naugatuck, CT: Lifelong Faith Associates, 2015).

Will There Be Faith? A New Vision for Educating and Growing Disciples [¿Habrá fe? Una nueva visión para educar y formar discípulos]. Thomas H. Groome (Nueva York, NY: HarperOne, 2011).

9

Tender puentes: catequesis para personas con necesidades especiales

Al pasar vio un hombre ciego de nacimiento. Los discípulos le preguntaron:
"Maestro, ¿quién pecó para que naciera ciego? ¿Él o sus padres?".
Jesús contestó:
"Ni él pecó ni sus padres; ha sucedido así para que se muestre en él la obra de Dios".
—(Juan 9:1–3)

Antes no tenía idea

Mi primer trabajo como joven catequista fue una clase combinada de niños de tercero y cuarto grados. Una madre se me acercó durante la clase para preguntarme si aceptaría a su hijo en mi grupo. Le constesté que sí y el alivio inundó su rostro. El niño guapo con el cuerpo retorcido estaba tranquilamente sentado en su silla de ruedas. Michael era mayor que los otros estudiantes. Tenía múltiples discapacidades y no hablaba. Estoy segura de que aceptarlo fue la respuesta correcta. Sin embargo, no tenía idea de cómo incluir a jóvenes con necesidades especiales como estas en las actividades de la clase. Más aun, no tenía idea de cómo compartir la fe con Michael. ¿Entendía los conceptos? ¿Cómo procesaba las lecciones? Por lo que sabía, esta era su introducción a la educación religiosa fuera de casa.

A través de los años, recibí capacitación específica para catequizar a personas con necesidades especiales físicas, intelectuales o sensoriales. Aprendí conocimientos básicos sobre el lenguaje de señas. En los días catequéticos arquidiocesanos, opté por asistir a uno o dos talleres sobre necesidades especiales. Sin embargo, la falta de orientación seguía molestándome cuando me convertí en líder catequética. Por suerte, hoy existe apoyo para líderes catequéticos en esta área.

ADA llega a la Iglesia

La amplia defensa de personas con una variedad de discapacidades es un enfoque social relativamente reciente. La aprobación de la Ley para Estadounidenses con Discapacidades (ADA, por sus siglas en inglés) en 1990 ayudó a aumentar la conciencia y sensibilidad en distintos sectores de la sociedad: en el trabajo, en los espacios públicos y en las instituciones académicas. La ola de defensa también generó respuestas de las iglesias locales. Ejemplos de acción parroquial inluyen una Misa Blanca anual para personas con necesidades especiales, intérpretes de lenguaje de señas en eventos parroquiales y diocesanos, la modificación de infraestructura para agregar rampas, elevadores y baños accesibles para discapacitados.

En 2016, la *National Catholic Partnership on Disability* (NCPD) [Asociación Nacional Católica sobre Discapacidades] encargó un informe especial sobre “Discapacidades en parroquias de los EE. UU.: Cómo las parroquias de los Estados Unidos reciben y sirven a personas con discapacidades” [v.d.t.] (*Center for Applied Research in the Apostolate* [CARA]). Este informe reveló cinco hallazgos clave:

- 96 por ciento de las parroquias tienen una entrada accesible para sillas de ruedas.
- 43 por ciento de las iglesias tienen una lista de recursos para recomendar a personas con discapacidades que requieren ayuda profesional.

- 72 por ciento de las parroquias tienen personas con discapacidades que son voluntarias en la parroquia.
- 93 por ciento de las parroquias ofrecen facilidades para permitir a personas con discapacidades que participen en eventos sociales de la parroquia.
- 63 por ciento de las parroquias adaptan sus recursos actuales para estudiantes con discapacidades.

De acuerdo con el Departamento de Censos de los EE. UU., casi uno de cada cinco estadounidenses tiene una discapacidad. Eso se traduce en más de 55 millones de personas. La NCPD también informa de que una de cada tres familias tiene a alguien con una discapacidad. La discapacidad trasciende las fronteras económicas, raciales, regionales y religiosas. Estas cifras pueden resultar sorprendentes. Sin embargo, el alcance del informe citado de CARA pinta un cuadro más claro. El estudio de CARA incluye a personas con impedimentos sensoriales, físicos e intelectuales, autismo, enfermedades mentales, enfermedades crónicas, discapacidades relacionadas con la edad y veteranos con heridas de guerra. Todos estos individuos tienen necesidades especiales. ¿Cómo los evalúa la institución parroquial, académica u otra donde ejerces tu ministerio?

Aun cuando nuestra conciencia y lenguaje en relación con este tema evoluciona, la enseñanza de la Iglesia es clara en lo que concierne al deber de catequizar a personas con necesidades especiales: "En la medida que lo permita su propia condición, se dé formación catequética también a los disminuidos físicos o psíquicos" (*Código de Derecho Canónico*, #777.4). El *Directorio Nacional para la Catequesis* agrega: "Todas las personas con discapacidades tienen la capacidad de proclamar el Evangelio y ser testigos vivientes de su verdad, en la comunidad de fe y ofrecer dones valiosos. Su participación enriquece todos los aspectos de la vida de la Iglesia. No son sólo los receptores de la catequesis, también son sus agentes. . . Todas las personas, cualquiera que sea su limitación, son capaces de crecer en santidad" (*DNC*, #49).

El Papa Francisco enfatizó el estigma de las discapacidades durante una liturgia en Roma, cuando dijo: "Conocemos la objeción que. . . se plantea ante una existencia marcada por grandes limitaciones físicas. Se considera que una persona enferma o discapacitada no puede ser feliz, porque es incapaz de realizar el estilo de vida impuesto por la cultura del placer y de la diversión" (Jubileo de los enfermos y personas discapacitadas, 12 de junio de 2016). Pero al sacerdote (y, por extensión, al párroco) que no recibe a todos, el papa dice: "¡Cierren las puertas de la iglesia! O todos o ninguno" [v.d.t].

Es personal

Un íntimo amigo mío que ama las Sagradas Escrituras desde su juventud nació con una discapacidad que afecta a sus extremidades. Dice que a menudo la gente hace falsas suposiciones acerca de sus capacidades. Una vez, una auxiliar de vuelo se empeñaba en poner sus muletas en el compartimiento para equipaje, cuando podría haberlo hecho él mismo. Lamenta que nunca lo inviten a servir como lector en misa, a diferencia de otros miembros del grupo parroquial de adolescentes. Hay innumerables historias desgarradoras de padres a cuyos hijos con necesidades especiales se le negó la preparación sacramental, y la familia, en consecuencia, abandonó la Iglesia.

El informe que realizó CARA en 2016 también reveló que más del 90 por ciento de los párrocos conocen a alguien con una discapacidad en su parroquia. Sin embargo, hay dos factores que influyen en su respuesta: (1) tamaño/ubicación de la parroquia y (2) participación de feligreses con discapacidades en funciones ministeriales o comisiones parroquiales. Las respuestas revelaron que, aunque la mayoría de las parroquias tiene entradas y estacionamiento accesible, solo el 51 por ciento informó tener un santuario accesible para sillas de ruedas, lo que limita la participación ministerial en la misa.

Las Sagradas Escrituras presentan la actitud de Jesús hacia las personas con discapacidades en los siguientes pasajes:

- el hombre ciego de nacimiento (Juan 9)
- el niño poseído por un demonio (Marcos 7)
- la mujer que padecía de hemorragias (Mateo 9)
- la persona muda (Mateo 9)
- el hombre con una mano paralizada (Marcos 3)
- el leproso (Lucas 5)

Hay muchos episodios más. Jesús no solo sanaba los estados físicos o mentales de las personas, sino que también les hablaba con dignidad, perdonaba sus pecados y les enseñaba sobre nuestro Padre celestial. Jesús dijo que debemos ser como niños: no infantiles, sino como niños (ver Marcos 10:13–16). "El acceso físico para personas con discapacidad es importante, pero las actitudes de apertura, valor y bienvenida son cruciales" [v.d.t] (Janice Benton, OFS, y Nancy Thompson, OCDS, "Making Room for Persons with Disabilities" [Hacer lugar para las personas con discapacidades] [USCCB, 2015]).

De la preocupación a la compasión, y de allí a la justicia

Contrario a las imágenes populares y prolíficas, cada uno de nosotros es, de algún modo, discapacitado, deforme, atrofiado, enfermo y está muriendo. Pero algunas limitaciones son más obvias o debilitantes que otras. Como resultado del condicionamiento cultural, es posible sentirse incómodo, mal preparado o temeroso al momento de incluir a personas con necesidades especiales. En algunas culturas, una discapacidad es considerada una marca de vergüenza en la familia, una creencia que dificulta llevar al ser querido a la iglesia u a otros lugares públicos. Pero la Iglesia lo ve de otro modo.

> La Iglesia ve en el hombre, en cada hombre, la imagen viva de Dios mismo; imagen que encuentra, y está llamada a descubrir cada vez más profundamente, su plena razón de ser en el misterio de Cristo, Imagen perfecta de Dios, Revelador de Dios al hombre y del hombre a sí mismo. . . Cristo, Hijo de Dios, «con su encarnación se ha unido, en cierto modo, con todo hombre». (*Compendio de la Doctrina Social de la Iglesia*, #105, Pontificio Consejo Justicia y Paz, 2004)

La Iglesia eleva siempre la dignidad de la persona humana y busca difundir este mensaje, basado en el Evangelio, de innumerables maneras. La Iglesia ha articulado su postura con respecto a la inclusión de personas con discapacidades en numerosos documentos durante las últimas décadas, como se ve en el siguiente cuadro.

Fecha	**Documento**	**Declaraciones clave**
1978	*Declaración Pastoral* de los Obispos Católicos de los Estados Unidos *acerca de las Personas con Discapacidades*	Las personas con discapacidades "buscan servir a la comunidad y disfrutar los plenos derechos bautismales que los demás miembros de la Iglesia" (n.0 33); y "La Iglesia encuentra su verdadera identidad cuando se integra completamente con [personas con discapacidades]" (n.0 12) [v.d.t].
1995	*Guías para la Celebración de los Sacramentos con Personas con Discapacidades,* USCCB	"Por motivo de su Bautismo, todos los católicos son iguales en dignidad ante Dios y tienen el mismo llamado divino" (n.0 1) Por lo tanto, "los católicos con discapacidades tienen un derecho a participar en los sacramentos como miembros de la comunidad eclesiástica local" (n.0 2).

1997	*Directorio General para la Catequesis*, USCCB	"Toda comunidad cristiana considera como predilectos del Señor a aquellos que, particularmente entre los más pequeños, sufren alguna deficiencia física o mental u otra forma de privación. . . La educación de la fe, que corresponde ante todo a la familia, requiere itinerarios adecuados y personalizados" (*DGC*, #189).
1998	*Bienvenida y Justicia para Personas Discapacitadas: Un Marco de Acceso e Inclusión*, USCCB	". . . los programas catequéticos deben ser accesibles a personas discapacitadas a fin de que tengan una participación plena, activa y consciente de acuerdo a su capacidad" (n.0 5). Los cristianos deben "reconocer y apreciar las contribuciones que las personas discapacitadas pueden hacer a la vida espiritual de la Iglesia, y animarlas a hacer el trabajo de nuestro Señor en el mundo, de acuerdo a los talentos y habilidades que Dios les ha dado" (n.0 7).
2005	*Directorio Nacional para la Catequesis*, USCCB	La participación de personas con discapacidad "enriquece todos los aspectos de la vida de la Iglesia. No son sólo los receptores de la catequesis, también son sus agentes" (*DNC*, #49).
2011	*La Vida Importa: Personas con Discapacidad*, Folleto del programa Respetar la Vida, USCCB	"En definitiva, mientras las personas con discapacidades comparten sus dones y necesidades, ellos sacan lo mejor de nuestra humanidad mutua. Nos desafían a vivir los preceptos del Evangelio de caridad en el mundo real, a sacrificar parte de nuestra comodidad para los demás, a tomarnos el tiempo para permitirles ser miembros plenos de la sociedad. Necesitan sentir nuestra solidaridad con ellos, y conocer su verdadera dignidad y valor como hermanos y hermanas en Cristo. Nuestro propio futuro con Cristo depende de esto".

En 1998, los obispos católicos de los Estados Unidos publicaron el documento *Bienvenida y Justicia para Personas Discapacitadas*. De acuerdo con esa declaración episcopal y otros documentos de la Iglesia, se creó un marco moral para la reflexión y la acción de diez puntos. Al final de este capítulo, se provee el vínculo para bajar gratis este recurso que se puede imprimir.

Afirmar la dignidad de las personas con necesidades especiales

A lo largo de miles de años, las sociedades emplearon numerosos medios para lograr el mismo fin en relación a las personas que se ven diferentes o aprenden de manera diferente. Hasta hace poco tiempo, el objetivo era alejar a estas personas de la comunidad. Generalmente, quienes nacían con defectos de nacimiento, se convertían en discapacitados o eran enfermos crónicos, eran abandonados: ojos que no ven, corazón que no siente. Algunos eran escondidos y confinados en el hogar; otros, abandonados a su suerte. En regiones árticas, algunos ancianos débiles eran puestos en témpanos de hielo y dejados en el agua a la deriva. Las colonias de leprosos han servido a este propósito desde los tiempos bíblicos hasta la edad moderna.

Aunque hoy en día las estrategias pueden variar, la intención, muy a menudo, persiste. Los avances en la medicina, la ciencia y la opinión pública han mejorado la calidad de vida y han hecho que la integración sea asequible para personas con necesidades especiales y sus familias. Hay ejemplos prometedores de inclusión en los medios y el espectáculo. Políticas educativas para integrar a estudiantes con necesidades especiales brindan oportunidades para el encuentro, la empatía y la amistad.

Por otro lado, la difusión de la eutanasia, el suicidio asistido y los análisis prenatales se han incorporado a nuestra conciencia moderna. Si bien estas no son ideas nuevas, están adquiriendo importancia en algunos sectores de la sociedad, debido en parte a la mercadotecnia creativa y a los valores contrarios al Evangelio. Como resultado, las personas catalogadas como discapacitadas siguen enfrentando discriminación masiva.

La tasa de aborto de fetos con sospechas de tener una discapacidad o una enfermedad potencialmente mortal es del 80 al 94 por ciento (Benton and Thompson, *Making Room for Persons with Disabilities* [Hacer lugar para las personas con discapacidades], NCPD, 2015). Los bebés con una discapacidad o una enfermedad potencialmente fatal enfrentan un riesgo mayor de que se los deje morir. Y a pesar de la automatización y de la tecnología de apoyo, las personas con discapacidades experimentan un 70 por ciento de tasa de desempleo.

Como las manos y los pies de Cristo, en la Iglesia podemos y debemos brindar un lugar para aquellos que enfrentan los siguientes desafíos:

Físico y sensorial: Para los discapacitados visuales, podemos ofrecer leccionarios, misales y otros recursos litúrgicos en Braille y con letras grandes, así como también grabaciones de audio y descripciones orales ampliadas. Las personas sordas o con discapacidad auditiva pueden aprovechar los DVD/videos con subtítulos, la interpretación en lenguaje de señas y los asientos preferenciales. Las rampas y los ajustes de altura en el ambón pueden ayudar a personas con discapacidades físicas. Las editoriales están produciendo libros de texto y objetos manipulables para jóvenes con autismo y discapacidades intelectuales. Algunos líderes catequéticos se dan cuenta de que la catequesis simbólica es útil cuando es necesario reforzar o reemplazar la gran dependencia del lenguaje.

Salud intelectual y mental: En la actualidad, las editoriales de recursos catequéticos proveen materiales adaptables para personas con síndrome de Down y para quienes están en el espectro autista. En una menor escala, los profesionales y defensores de la salud mental están abordando las necesidades espirituales de personas con enfermedades mentales. Esto último requiere mucha más atención.

Catequesis adaptada

Muchos padres de niños con necesidades especiales quieren que su hijo reciba educación religiosa, pero se han encontrado con numerosos obstáculos en la iglesia y en otros sitios. Algunos padres han oído decir que sus parroquias carecen del interés, los números o recursos para establecer un programa adaptado. Otros se han cansado de actitudes condescendientes o de oír que sus expectativas son poco reales o inapropiadas. Y aun otros cuestionan si su hijo con un trastorno del desarrollo podrá "captar" los principios de la fe católica. Algunas familias han desistido y se han alejado de la Iglesia.

Por todas estas razones, la catequesis adaptada brinda una oportunidad no solo para educar al niño, sino también para promover la sanación espiritual dentro de las familias y de la comunidad en general, cuyas actitudes pueden haber causado dolor en el pasado. La catequesis adaptada no solo se ocupa del niño con necesidades especiales, sino también de las experiencias y necesidades de su familia. Los padres a menudo pasan mucho tiempo e invierten mucha energía buscando la mejor forma de educación, vida comunitaria y atención médica para sus hijos. Ser bienvenido y aceptado por la comunidad de una parroquia puede hacerles sentir un muy merecido alivio. Además, la catequesis adaptada le permite a un niño:

- formar parte de una comunidad;
- ser conocido por los demás como parte de la comunidad;
- aprender nuevas habilidades sociales y desarrollar las ya existentes;
- crear amistades con compañeros de un desarrollo típico y con otros;

- participar en la misa y
- compartir sus dones.

De esta y otras maneras, los niños aprenden a experimentar el amor de Dios a través de las relaciones. Entienden que son valiosos, dignos y bellos a los ojos de Dios y a los ojos de las personas que los rodean. La catequesis para niños con necesidades especiales es un esfuerzo colaborativo. En el centro de esta colaboración está el niño, cuyas necesidades y dones determinarán la participación e interacción de los demás. Las funciones y responsabilidades típicas además incluyen al párroco, a ti como líder catequético, un coordinador para el programa adaptado, padres de familia, catequistas, auxiliares y toda la comunidad parroquial. En tu función como líder catequético, hay algunas cosas que debes tener en cuenta:

- Expresa el deseo de aprender de los padres y de otros profesionales sobre los dones y necesidades de un niño.
- Interactúa directamente con el niño de manera adecuada a su estilo de comunicación.
- Mantén una presencia cálida y abierta con las familias en las liturgias y los eventos importantes del programa.
- Crea oportunidades para que los padres, hermanos y niños participen en la liturgia y otros eventos parroquiales.
- Enfatiza que un niño con una discapacidad no está espiritualmente discapacitado.
- Modera conversaciones sobre cómo los niños pueden servir y participar en la parroquia, la Iglesia en general y el mundo.

Los padres pueden ser socios en el aprendizaje adaptado

Mantener una relación abierta, continua y significativa con los padres es crucial cuando se trabaja con un niño con necesidades especiales.

Los padres del niño lo conocen mejor que nadie y tienen información vital sobre la manera de ocuparse de él y enseñarle. A menudo, hay un equipo de expertos profesionalmente capacitados que trabajan junto con la familia "tras bastidores". Entonces, recuerda: *No es la función del catequista diagnosticar ni hacer recomendaciones sobre el tratamiento del niño con discapacidades.*

Es importante que el catequista aprenda todo lo que pueda de todos los recursos que la familia puede brindar, que acceda a todo el apoyo disponible y que ayude al niño a aprender sobre la fe y a experimentarla lo más plenamente posible. Cuando los padres inscriben a un niño con necesidades especiales, el coordinador del programa debe, inmediatamente, comenzar la primera de muchas conversaciones con ellos, y reunir la mayor cantidad de información posible sobre el niño. Los padres podrían completar un formulario de inscripción que proporcione información importante sobre el niño; entre otras cosas, objetivos para su hijo, sus habilidades, estilo de aprendizaje, previa y actual exposición a la fe, e información relevante sobre la discapacidad del niño. El catequista puede leer este formulario, luego hacer un contacto inicial con los padres para comenzar a desarrollar una relación con la familia, y obtener información y perspectivas adicionales acerca de las necesidades del niño.

Evaluación multifacética

Cada niño aprende, asimila información y experimenta la fe de maneras diferentes. Tus programas catequéticos se beneficiarán de responder ciertas preguntas clave para identificar las necesidades y fortalezas de los niños.

- ¿Cómo aprende mejor el niño: de manera independiente, en grupo o con un compañero, por ejemplo, con alguien de su edad, un mentor adolescente o un padre?
- ¿Qué puede hacer el niño físicamente?

- ¿Cuáles son las habilidades de comunicación del niño?
- ¿Qué conceptos o prácticas le resultan fáciles al niño? ¿Cómo puede el catequista basarse en esos conceptos o prácticas para introducir conceptos o prácticas nuevas?
- ¿Demuestra el niño talentos físicos especiales, talentos musicales u otros talentos creativos?
- ¿Le gusta al niño compartir conocimientos sobre un tema específico?

Como han expresado los obispos de los EE. UU., la participación de personas con discapacidades "enriquece todos los aspectos de la vida de la Iglesia. No son sólo los receptores de la catequesis, también son sus agentes" (*DNC*, #49). Somos llamados no solo a compartir la fe con todos nuestros hermanos, sino también a recibir sus dones. La catequesis adaptada acerca a todos los participantes a esta mesa de abundancia.

La flexibilidad es la clave

Las personas con necesidades especiales aprenden mejor en ciertos ambientes y a cierto ritmo y nivel. Es importante ser flexibles y consultar con los padres para determinar qué enfoque es el más adecuado para cada niño. Piensa en lo siguiente:

- **Encuentro individual:** Este formato es ideal para aquellos cuya discapacidad supone límites excesivos en su capacidad para expresar la comprensión o para aquellos que aprenden mejor en un ambiente controlado y libre de distracciones que podrían dificultar o menoscabar la experiencia. Aunque este aprendizaje se da en un contexto individual, el objetivo es brindar al alumno las habilidades que necesita para entrar plenamente en la vida parroquial. Un contexto individual incluye al alumno y un catequista y también puede incluir a un asistente que haga la función de mentor de la fe. La enseñanza es individual, se basa en la relación y usa una variedad de técnicas creativas y materiales adaptados a las habilidades y necesidades del estudiante.

- **Catequesis grupal adaptada:** El objetivo de la catequesis para personas con discapacidades es el de brindarles esta enseñanza en el ambiente menos restrictivo posible. Esto significa que la inclusión es primordial. Un contexto de un grupo de compañeros es ideal para estudiantes poco sociables, que progresan cuando trabajan con sus compañeros y que requieren simples adaptaciones de una lección basada en un libro para poder aprender y expresar su fe mientras interactúan con los demás. En este contexto grupal, se proveen ayudantes, mentores u otros asistentes apropiados en la medida de lo necesario. Hay adaptaciones y estrategias básicas que pueden usarse para comunicar los conceptos de la fe de maneras adecuadas y apropiadas para las necesidades del estudiante.

La conclusión es que no hay que ser un profesional en educación especial para servir con eficacia a personas con necesidades especiales. Sin embargo, el coordinador del programa, los catequistas y tú sí necesitan un entendimiento básico sobre los problemas comunes del desarrollo y sobre cómo estos afectan el aprendizaje y la comunicación de una persona. Luego puedes crear un enfoque que adapte el contenido de una lección para hacerlo accesible para las personas con necesidades especiales.

Buscar ayuda disponible

Los catequistas y los líderes catequéticos no deben dudar en solicitar ayuda cuando abordan los problemas de estudiantes con necesidades especiales. Pide información a los padres. Pide sugerencias a un terapeuta ocupacional, a un fisioterapeuta pediátrico o al personal de la escuela. Pide permiso a los padres para contactar a esta red y obtener ideas para trabajar con el niño.

Trabaja con el liderazgo parroquial y con tu párroco para promover un ambiente parroquial acogedor antes, durante y después de misa. Una comunidad parroquial acogedora hará que las sesiones de formación en la fe sean más satisfactorias y significativas. También creará un entorno más accesible y brindará los espacios necesarios. Trata la posibilidad de celebrar misas adaptadas para personas con discapacidades. Investiga sobre las maneras en que los feligreses con discapacidades pueden servir en la parroquia. Los grupos de apoyo citados a continuación tienen un interés particular en asistir a personas con necesidades especiales, a sus familias y a aquellos que los sirven en la formación en la fe:

- *National Catholic Partnership on Disability* (NCPD) [Asociación Nacional Católica sobre Discapacidades]
- *Institute for Pastoral Initiatives* [Instituto para Iniciativas Pastorales], Universidad de Dayton
- *National Catholic Office for the Deaf* [Oficina Católica Nacional para Sordos]
- *Xavier Society for the Blind* [Sociedad Xavier para Ciegos]

Adaptar programas de preparación sacramental

Es necesario que los líderes catequéticos sean discretos en toda situación, pero sobre todo con personas que tienen necesidades especiales y pueden no ser capaces de articular verbalmente su consentimiento o entendimiento de los sacramentos. La Iglesia enseña que, en caso de duda, los párrocos y líderes catequéticos deben optar por permitirle al individuo que reciba el sacramento.

En su publicación *Guidelines on Celebrating the Sacraments* [Directrices para la celebración de los sacramentos] de 1978, los obispos católicos explicaron las condiciones para recibir los siete sacramentos y las adaptaciones apropiadas para necesidades especiales. Los Principios Generales abren con esta afirmación: "Por razón de su bautismo, todos los católicos son iguales en dignidad a los ojos de Dios, y tienen el mismo llamado divino. Los católicos con discapacidades tienen derecho a participar en los sacramentos como miembros plenos de la comunidad eclesiástica local" (canon 213). Además, "La discapacidad, en sí misma, nunca es una razón para diferir el bautismo".

Es más, los Principios Generales establecen que "la creación de una parroquia totalmente accesible va más allá de recibir a las personas en un espacio físico y abarca las actitudes de todos los feligreses hacia las personas con discapacidades" [v.d.t]. La mejor forma de hacerlo es consultando a las personas que tienen necesidades especiales, sus cuidadores, familia y defensores. A veces, es más factible que las parroquias colaboren entre sí para apoyar a feligreses con necesidades especiales.

Tenemos el deber de catequizar a todas las personas con discapacidades que residan dentro de los límites de la parroquia. Algunas de estas personas viven en condiciones de aislamiento. Haz planes de visitar y dar la bienvenida a personas que vivan en hogares de ancianos y hogares de acogida. Puedes ajustar tu programa catequético para satisfacer esas necesidades por medio de visitas pastorales, coordinación de traslado a la parroquia y a las sesiones de formación en la fe en la residencia u otro espacio compartido.

Para comenzar

A través del reconocimiento positivo de las diferencias de nuestras habilidades individuales, puedes mejorar la unidad del Cuerpo de Cristo. A continuación se ofrecen algunas sugerencias iniciales para ayudar a niños con necesidades especiales.

- **Discapacidad ortopédica:** Adapta actividades para que se ajusten a las necesidades de quienes tienen una discapacidad ortopédica; crea un "sistema de compañeros"; anticipa y prepárate de antemano para situaciones en las cuales los síntomas de un niño podrían perturbar al grupo; alienta la interacción social; usa terminología apropiada cuando te refieras a las discapacidades.

- **Discapacidad visual:** Considera el campo visual y las necesidades de iluminación cuando asignes un asiento a un niño; ofrécele materiales con letras grandes, audio y manuales; en las actividades, utiliza otros sentidos además de la vista; permite al niño que trabaje de forma oral; asígnale un compañero para las actividades visuales.
- **Sordera o discapacidad auditiva:** Coloca el asiento del niño adelante y frente a ti cuando hables; habla claramente, usando un tono y ritmo normal; escribe palabras clave e instrucciones en la pizarra; reparte materiales escritos; alienta la interacción social; trabaja con tu líder catequético y la familia para encontrar un intérprete.
- **Discapacidad del habla o del lenguaje:** Habla claramente y con frases breves; usa instrucciones visuales y escritas, además de orales; trabaja individualmente en un área aparte con un niño cuyo trabajo oral necesite atención; concede tiempo extra al niño para que responda a tus preguntas y comentarios.
- **Problemas sociales o de conducta, trastornos de déficit de atención, dificultades de aprendizaje:** Trabaja con la familia para identificar el tipo de trastorno/discapacidad del niño; organiza el aula para evitar distracciones; brinda estructura y rutina; da tareas específicas que sean interesantes para el niño; da, repasa y clarifica instrucciones, expectativas y explicaciones claras; monitorea y reafirma la conducta apropiada; ofrece comentarios inmediatamente; crea señales no verbales para un comportamiento inaceptable; divide las tareas en componentes más pequeños, menos abrumadores; utiliza tarjetas; presenta una habilidad a la vez; usa soporte visual y señales corporales (movimientos, gestos); crea situaciones en las que el niño

experimente el éxito; evalúa el entendimiento del niño con frecuencia.

- **Discapacidad mental:** Adapta las actividades para la capacidad de atención del niño, así como niveles de coordinación y habilidad; individualiza el aprendizaje con el apoyo de un auxiliar; simplifica los conceptos y repite periódicamente; organiza a los niños talentosos para que ayuden a aquellos que tienen dificultad para aprender.

Resumen: bellamente hechos

Las discapacidades son los "resultados normales, anticipados, de los riesgos, tensiones y presiones del proceso de la vida" [v.d.t]. Mary Jane Owen, NCPD, 2000

"Cada uno de nosotros es querido, cada uno es amado, cada uno es necesario". Papa Benedicto XVI.

Te doy gracias porque eres prodigioso: soy un misterio,
misteriosa obra tuya;
y tú me conoces hasta el fondo,
no se te oculta mi osamenta.
Cuando en lo oculto era formado,
entretejido en lo profundo de la tierra,
tus ojos veían mi ser informe.
En tu libro estaban escritos todos mis días,
ya planeados, antes de llegar el primero. (Sal 139:14–16)

El mandato de Jesús de hacer discípulos no excluye a las personas con necesidades especiales. El Salmo 139 nos asegura que, cualquiera que sea la condición en que entramos a este mundo, Dios tiene un propósito divino para cada uno de nosotros. No podemos suponer que comprendemos el modo en que Dios se comunica con sus hijos que no tienen lenguaje, que tienen percepción sensorial limitada, que aprenden de una manera diferente o que presentan severos desafíos físicos o mentales. Del mismo modo, no podemos comprender las bendiciones que nos perderemos si estos niños permanecen ocultos, ignorados o alejados. Al volver a los pasos que Jesús caminó, no nos perderemos. Enfréntalos con amor. Reconoce su dignidad. Relaciónate con ellos e invítalos a viajar juntos al destino eterno de quienes aman y sirven a Dios y al prójimo.

Para reflexionar y conversar

- ¿Hay alguna diferencia entre acoger y pertenecer? Considera esta pregunta desde dos puntos de vista: el sujeto y el objeto de la bienvenida. Organiza encuentros para conversar sobre este tema con personas que tengan discapacidades, tanto de nacimiento como adquiridas.
- ¿Cómo puedes ampliar la conversación en tu parroquia sobre integrar en el ministerio a quienes tienen esas necesidades especiales? ¿Quién debería "sentarse a la mesa" para esas conversaciones?

Madurar como líder catequético

El líder catequético eficaz

CONFERENCIA NACIONAL LIDERAZGO CATEQUÉTICO

LOYOLAPRESS.

Recursos para servir a personas con necesidades especiales

Cuando se trata de servir a personas con necesidades especiales, uno de los recursos más importantes es la National Catholic Partnership on Disability (NCPD) [Asociación Nacional Católica sobre Discapacidades]. Esta organización se estableció en 1982 para implementar la *Pastoral Statement of U.S. Catholic Bishops on Persons with Disabilities* [Declaración Pastoral de los Obispos Católicos de los EE. UU. acerca de las Personas con Discapacidades] de 1978 en parroquias y diócesis en todo el territorio de los Estados Unidos. La NCPD colabora para asegurar la participación significativa de personas con discapacidades en todos los aspectos de la vida de la Iglesia y la sociedad. No dejes de visitar www.ncpd.org. Además, la NCPD identifica los siguientes vínculos como recursos clave para asistir a quienes tienen necesidades especiales.

- **Catholic Celiac Society** [Sociedad Católica Celíaca]: http://www.catholicceliacs.org
- **Catholic Coalition for Special Education** [Coalición Católica para la Educación Especial]: http://www.ccse-maryland.org
- **CUSA: An Apostolate of Persons with Chronic Illness or Disability** [Un apostolado de personas con enfermedades crónicas o discapacidades]: http://www.cusan.org
- **Institute for Pastoral Initiatives** [Instituto para Iniciativas Pastorales], Universidad de Dayton: https://www.udayton.edu/artssciences/ctr/ipi/inclusive_catechesis_resources/web_links.php
- **International Catholic Deaf Association – United States Section** [Asociación Católica Internacional para Sordos, sede en los Estados Unidos]: http://www.icda-us.org
- **Mental Illness Ministries of the Archdiocese of Chicago** [Ministerios de Enfermedades Mentales de la Arquidiócesis de Chicago]: http://miministry.org
- **National Catholic Educational Association** [Asociación Nacional de Educación Católica]: http://www.ncea.org
- **National Catholic Office for the Deaf** [Oficina Nacional Católica para Sordos]: http://www.ncod.org
- **National Conference for Catechetical Leadership** [Conferencia Nacional para el Liderazgo Catequético]: http://www.nccl.org
- **Network of Inclusive Catholic Educators** [Red de Educadores Católicos Inclusivos]: http://udayton.edu/artssciences/ipi/index.php
- **The Victorious Missionaries** [Los Misioneros Victoriosos]: http://www.vmusa.org
- **USCCB (United States Conference of Catholic Bishops)** [Conferencia de Obispos Católicos de Estados Unidos]: http://www.usccb.org
- **Xavier Society for the Blind** [Sociedad Xavier para Ciegos]: http://www.xaviersocietyfortheblind.org

Todo el pueblo de Dios: catequesis eficaz en una Iglesia diversa — **Capítulo 9**

¿Cómo describirías tu propio nivel de conocimiento sobre este tema? Considera tus propias experiencias personales o encuentros cercanos con la discapacidad. ¿Consideras que las personas con discapacidad tienen un "valor inestimable. . . [Son] obras de arte de la creación de Dios, hechas a su propia imagen, destinadas a vivir para siempre" [v.d.t], como el Papa Francisco mencionó en un mensaje la Jornada por la Vida en 2013? Identifica maneras en que las personas con discapacidades pueden servir en la parroquia, y acércate a ellas con una cálida amistad.

¿De qué medios dispone ahora tu parroquia para responder a las necesidades de la comunidad con discapacidades? Identifica los vacíos que hay que llenar. Si es necesario hacer cambios, reza para tener el coraje de hacerlos.

Visita www.loyolapress.com/lce para acceder a la hoja de ejercicios.

Acción sugerida

Haz una lista de las necesidades especiales mencionadas en este capítulo. ¿Conoces a alguien en tu parroquia/contexto catequético que tenga una de estas necesidades especiales? Identifica las áreas en las que has tenido experiencia directa. ¿En qué área/s necesitas más conocimientos o entendimiento para adaptar mejor tu formación catequética? Desarrolla tus habilidades para satisfacer estas necesidades especiales que existen ahora o pueden surgir en el futuro. (La Virtual Learning Community for Faith Formation [VLCFF] [Comunidad de

Aprendizaje Virtual para la Formación en la Fe] de la Universidad de Dayton ofrece una vía de certificación con cursos en línea sobre el ministerio para discapacitados. Para acceder a más recursos, visita el sitio web de la National Catholic Partnership on Disability [Sociedad Católica Nacional sobre Discapacidades] en www.ncpd.org).

Recursos adicionales

En español

Andrino, Marcela P.: *Anawim. Catequesis para personas con discapacidad intelectual.* Buenos Aires: Editorial Claretiana, 2015.

Bienvenida y Justicia para Personas Discapacitadas. Un Marco de Acceso e Inclusión. Washington, DC: Conferencia de Obispos Católicos de los Estados Unidos, 1998.

Partes de este capítulo se presentan más desarrolladas en el programa *Encontrando a Dios. Nuestra respuesta a los dones de Dios, Guía del catequista.* Chicago, IL: Loyola Press, 2016.

En inglés

Guidelines for the Celebration of the Sacraments with Persons with Disabilities [Directrices para la celebración de los sacramentos con personas con discapacidades]. (Washington, DC: United States Conference of Catholic Bishops, 1978).

National Catholic Partnership on Disability (NCPD) [Asociación Nacional Católica sobre Discapacidades]. www.ncpd.org.

Pastoral Statement of U.S. Catholic Bishops on Persons with Disabilities [Declaración Pastoral de los Obispos Católicos de los Estados Unidos acerca de las Personas con Discapacidades]. (Washington, DC: United States Conference of Catholic Bishops, 1978, 1995).

10

Una comunidad de fe única: catequesis en la escuela católica

La totalidad de la fe católica

Las escuelas católicas han gozado de una larga tradición de educación de alta calidad, firme disciplina y la transmisión de valores católicos. En la actualidad, más de seis mil quinientas escuelas católicas en los Estados Unidos están educando a cerca de dos millones de estudiantes. En muchas jurisdicciones, los padres pueden elegir entre una cantidad de excelentes escuelas públicas, subvencionadas y también privadas. Entonces, ¿qué distingue a las escuelas católicas, y por qué existen? Como se afirma en el *Directorio Nacional para la Catequesis*: "Las escuelas católicas. . . existen con el fin de educar a la persona en forma integral: mente, cuerpo y alma. Presentan la totalidad de la fe católica". (*DNC*, #61A.4b). Hoy, más que nunca, el desafío para las escuelas católicas, y para los programas de educación religiosa parroquiales, es asegurar que se lleve a cabo una catequesis eficaz.

Una historia personal

Como producto de las escuelas católicas desde kindergarten hasta completar los años escolares, yo tenía altas expectativas para mis hijos cuando los inscribimos en una escuela católica en los años 90. Nuestra escuela parroquial había cerrado varios años antes de que nacieran mis hijos, por lo que los inscribimos en una escuela católica vecina. Lamentablemente, mis expectativas se frustraron. En su apariencia exterior, se trataba de una escuela católica auténtica. Por dentro, la iglesia estaba adornada con crucifijos, estatuas y arte sacro; los estudiantes vestían uniformes. Sin embargo, la enseñanza y la práctica de la fe católica se minimizaban porque, como explicaban, alrededor del 80 por ciento del alumnado no era católico.

Esto me hizo parar y reflexionar sobre la identidad y el propósito centrales de una escuela católica. Yo sabía que los niños que estaban inscritos en una escuela judía, musulmana o cristiana evangélica recibían instrucción religiosa y respetaban los requisitos de esa fe. ¿Por qué, entonces, una escuela católica se alejaba de su misión para acomodar a estudiantes que no eran católicos?

Por suerte, unos años más tarde, la experiencia de nuestra familia en otra escuela católica fue totalmente diferente. Había un espíritu comunitario y altos estándares académicos. Más aun, la identidad católica de la escuela permeaba todo el currículo y era evidente en el personal. La experiencia en ambas escuelas me llevó a continuar reflexionando sobre la naturaleza, el propósito, el objetivo y la identidad de las escuelas católicas. Todas estas consideraciones son importantes para ti como líder catequético si tu función incluye la responsabilidad de la formación en la fe en una escuela católica.

El desafío de la educación católica

A lo largo de los años, he hablado con líderes catequéticos que están formulando las mismas preguntas que yo he planteado arriba. Quienes tienen la función de dar formación en la fe en la escuela católica, a menudo, se encuentran lidiando con temas como la cantidad de tiempo de clase dedicado a enseñar religión, y hasta qué punto la identidad católica se transmite y practica a lo largo del currículo. Asimismo, los líderes catequéticos en parroquias más pobres a menudo tienen menos recursos y materiales y de menor calidad a su alcance comparados con los que disfrutan sus colegas de escuelas parroquiales más adineradas.

Como líder catequético en una escuela católica, sabes que "sean interparroquiales, regionales, diocesanas o privadas, la educación en la fe es el elemento central de la misión de las escuelas católicas" (*DNC*, #61B). En otras palabras, la catequesis eficaz es, sin duda, una característica que define a las escuelas católicas. Una vez que se entiende la misión de la escuela, la eficacia de la catequesis en las escuelas católicas se basa en un equipo y plan debidamente formados. El Papa Benedicto XVI describió la visión sucintamente, llegando al centro de la cuestión: "En primer lugar, y sobre todo, cada institución educativa católica es un lugar para encontrar a Dios vivo, el cual revela en Jesucristo la fuerza transformadora de su amor y su verdad". Los estudiantes en institutos educativos católicos (independientemente de la filiación religiosa o su ausencia de filiación) deben tener muchas oportunidades de encontrar al Dios vivo. En el ejemplo diario de los maestros y el personal, las lecciones de cualquier materia, los intercambios con otros estudiantes, las distintas tareas y hasta en las reprimendas: en todo esto, los estudiantes deben encontrar evidencia de la presencia de Dios.

En *The Case for Catholic Education: Why Parents, Teachers, and Politicians Should Reclaim the Principles of Catholic Pedagogy* [La defensa de la educación católica: Por qué los padres, maestros y políticos deben reclamar los principios de la pedagogía católica] (Angelico Press, 2015), Ryan Topping analiza en profundidad tres propósitos de la educación católica: felicidad, cultura y virtud. El autor afirma: "Los fines de una educación católica son la adquisición de felicidad celestial (objetivo final), formación en una vibrante moral y cultura intelectual (objetivo próximo) y destrezas útiles (objetivo inmediato)" (69) [v.d.t.]. La opinión de Topping supera las respuestas tradicionales sobre la inversión en una buena educación para entrar a una buena universidad, conseguir un gran trabajo, etcétera. En cambio, propone que una buena educación católica debe ponernos en el sendero de nuestro destino eterno, mientras le da forma al trayecto y agrega una variedad de destrezas necesarias.

Topping pisa terreno firme cuando sostiene que la crisis actual en la educación católica no se debe a una deficiencia académica. Los estudios demuestran que los graduados de escuelas católicas tienen éxito profesional y tienden a ganar más dinero. Solo tenemos que mirar el número de miembros del Congreso, jueces en la Suprema Corte, presidentes de corporaciones y líderes en otras áreas para reconocer los beneficios económicos de una educación católica. El verdadero desafío que enfrentan las escuelas católicas, al igual que todos nuestros esfuerzos catequéticos y ministeriales, es el de formar jóvenes como discípulos de Jesucristo.

Entra el líder catequético

Para lograr este objetivo, muchas escuelas católicas recurren a personas como tú, el líder catequético parroquial, para coordinar, animar y liderar el esfuerzo. Además de las muchas responsabilidades que tienes como líder catequético, la descripción de tu función puede también incluir la responsabilidad de la formación en la fe en la escuela católica parroquial. A continuación hay ejemplos de algunas cosas que te pueden pedir o esperar que hagas para fortalecer la identidad y la misión católicas de la escuela.

- **Selección de recursos:** Junto con el director, el párroco, los maestros de religión y tal vez el consejo de la escuela, puedes ayudar en la selección de recursos (como una colección de libros de texto/currículo) para usar en las clases de formación en la fe/ religión. Posiblemente brindes capacitación en el puesto de trabajo para los maestros de religión (a menudo conjuntamente con la editorial de la colección de libros de texto), para equiparlos en el uso más eficaz de los materiales.

- **Implementación de los lineamientos del currículo diocesano:** Relacionado con lo anterior, posiblemente coordines la implementación de los lineamientos del currículo diocesano de la escuela para formación en la fe.
- **Formación en la fe del cuerpo docente:** A menudo, posiblemente coordines y brindes experiencias de formación en la fe para todo el cuerpo docente y el personal, y también organices días de retiro. Esto ayuda a asegurar que los docentes y el personal de la escuela estén a su vez siendo formados en la fe católica y empoderados para vivir como discípulos de Cristo. En algunos casos quizás necesites facilitar la certificación catequista diocesana para maestros de religión, así como el cumplimiento de los requisitos diocesanos para todos los maestros católicos en los principios básicos de la fe católica.
- **Vida litúrgica:** Una responsabilidad significativa para muchos líderes catequéticos parroquiales es la coordinación de todas las celebraciones litúrgicas de la escuela, celebraciones de los sacramentos (como la Penitencia y la Reconciliación) y conmemoración de los tiempos y las fiestas del año litúrgico de la Iglesia. Puede que también te pidan supervisar la formación y capacitación de estudiantes del ministerio litúrgico.
- **Experiencias de oración:** Íntimamente ligado a la asistencia en la vida litúrgica de la escuela está el conocimiento con el que puedes contribuir en el área de la oración. Muchos maestros de escuelas católicas necesitan apoyo al cultivar sus habilidades para liderar distintos tipos de oración, y para preparar y dirigir servicios de oración.
- **Servicio y justicia social:** Un aspecto importante de la vida católica es la participación en obras de misericordia, caridad y justicia social. Es posible que te pidan que coordines

oportunidades para que los jóvenes sirvan a los demás mediante obras de misericordia, y transformen la sociedad por medio de la justicia social. Una parte importante de esta iniciativa consiste en mostrar a los estudiantes que estas acciones fluyen del mensaje del Evangelio y de las enseñanzas de la Iglesia. Puedes ayudarlos a reflexionar sobre la forma en que encuentran a Cristo y crecen como discípulos a través de la participación en estas obras.

- **Ministerio de compañeros:** Muchas escuelas católicas establecen programas de ministerio de compañeros, en los cuales los estudiantes mayores se forman y capacitan para dirigir experiencias de formación en la fe (como días de retiro y experiencias de servicio) para estudiantes más pequeños. También pueden servir como ministros litúrgicos y líderes de oración. Posiblemente cumplas una función en la coordinación de este programa y en la formación de ministros jóvenes.
- **Identidad católica:** Una de tus responsabilidades puede ser trabajar con el párroco, director, cuerpo docente, personal y consejo de la escuela para evaluar y fortalecer la identidad católica de la escuela de acuerdo con los lineamientos diocesanos.
- **Esfuerzos interdisciplinarios:** Algunas escuelas católicas han dado grandes pasos en el desarrollo de los esfuerzos interdisciplinarios que refuerzan la Tradición, las enseñanzas y los valores católicos a través de las distintas materias en el currículo. Posiblemente te pidan que coordines y dirijas esos esfuerzos.
- **Reuniones de padres y reuniones del consejo:** Es común que los líderes catequéticos parroquiales participen en los aspectos formativos y espirituales de distintas reuniones de padres, consejo escolar, clubes deportivos, etcétera. Las responsabilidades pueden ir desde dirigir la oración hasta brindar formación espiritual/en la fe básica para los asistentes a estas reuniones.
- **Preparación sacramental:** La preparación de los jóvenes para los sacramentos es la responsabilidad de la parroquia. Por esa razón,

lo más probable es que seas el responsable de coordinar la preparación sacramental de los niños en la escuela católica. Esto incluye el catecumenado de los niños, la preparación para la Primera Comunión y la primera Reconciliación, y la preparación para la Confirmación, así como brindar oportunidades para la Penitencia y la Reconciliación y la inmediata preparación para dichas oportunidades.

- **Responsable de recursos:** Por último, como el líder catequético de la parroquia, estás en la posición única de ser el responsable de organizar los recursos católicos de la escuela católica: desde libros, videos, CD y recursos en línea hasta. . . ¡estatuas, estampas, rosarios y escapularios!

Aunque esta no sea una lista exhaustiva, la verdad es que puede que te pidan que hagas menos de lo que aparece arriba, o. . . ¡puede que te pidan que hagas más! El grado de tus responsabilidades debe negociarse en tu contratación y en la evaluación anual de tu desempeño y debe aclararse en la descripción de tus funciones.

Rueda dentro de la rueda

Como en la visión de "la rueda dentro de la rueda" del profeta Ezequiel, la mayoría de las escuelas católicas son una comunidad evangelizadora dentro de la comunidad evangelizadora de la parroquia. Las ruedas de la fe echan a rodar a otras ruedas de la fe. El movimiento del Espíritu Santo en la escuela puede darle vida a la parroquia, mientras que la parroquia brinda oportunidades para practicar las lecciones de fe presentadas en el aula. Como tal, a la escuela parroquial se le confía la concreción de una visión parroquial de formación coherente con el plan diocesano y que transmita el mensaje integral de la fe. Padres de familia, maestros, catequistas, líderes catequéticos y párrocos deben estar de acuerdo en los asuntos de formación en la fe. Las escuelas católicas son un don para la Iglesia que puede y debe reafirmarse, fortalecerse y apoyarse para que siga formando generaciones presentes y futuras de discípulos de Cristo.

Resumen: enseñarles el camino que deben seguir

[A]l mismo tiempo debes inculcarle los mandatos y preceptos de Dios, y enseñarle el camino que debe seguir y las acciones que debe realizar. (Éx 18:20)

En los comentarios que hizo en un simposio de una escuela católica en 2015, el Arzobispo de Denver Samuel J. Aquila afirmó que "el objetivo de la educación católica es ayudar a los padres a criar santos" [v.d.t]. Aunque esto pueda parecer una exageración a primera vista, este es precisamente el objetivo de toda formación catequética, inclusive la que se ofrece en las escuelas católicas. Nuestra misión es formar discípulos de Cristo. Hoy, este desafío es más difícil que nunca, dados los cambios que han ocurrido en nuestra sociedad; un cambio no menor es la transformación de la familia en décadas recientes. Aun así, las escuelas católicas están en la vanguardia de los esfuerzos por ayudar a los padres a criar santos. Como líder catequético parroquial, puede que seas una parte integral de los esfuerzos para que tu parroquia lleve a cabo esta misión.

Durante la experiencia del pueblo judío en su travesía por el desierto, Moisés a veces actuaba como juez en las disputas. Una vez, el suegro de Moisés, Jetró, observaba a las multitudes ejerciendo presión sobre Moisés. Jetró estaba preocupado y le preguntó a Moisés qué necesitaba la gente. Moisés respondió que, además de resolver pleitos, la gente quería que él les enseñara la Ley de Dios. Jetró sabía que Moisés necesitaba descanso y apoyo, y lo instó a que nombrara a otros para asistirlo en sus esfuerzos hacia el pueblo por "inculcarle los mandatos y preceptos de Dios, y enseñarle el camino que debe seguir y las acciones que debe realizar".

Hoy, las escuelas católicas siguen siendo una gran contribución a los esfuerzos de la Iglesia por enseñar los mandatos y preceptos del Señor y por mostrar a los jóvenes y a sus familias la forma de vivir como discípulos de Cristo. Como líder catequético, juegas un papel importante en la creación de la próxima generación de santos.

Para reflexionar y conversar

- ¿Cómo está ayudando tu escuela parroquial a que los padres "críen santos"?
- ¿Cómo puedes ayudar a tu escuela parroquial para hacer que estos esfuerzos sean más eficaces?
- ¿Qué acciones puedes realizar para acercar más a la escuela parroquial y a la parroquia?

Madurar como líder catequético

Como bien sabes, a menudo puede haber tensión entre la escuela católica y el programa parroquial de educación religiosa. Como líder catequético, tienes la llave para tender puentes. Aunque probablemente al director de la escuela no le pidan que haga mucho por el programa de educación religiosa de la parroquia, tú puedes estar profundamente involucrado en el trabajo de la escuela. Puedes usar tu influencia a tu favor.

El líder catequético eficaz

CONFERENCIA NACIONAL LIDERAZGO CATEQUÉTICO
LOYOLA PRESS.

Ayudar a los maestros de escuelas católicas a inculcar la identidad católica

Como líder catequético parroquial, es posible que te convoquen para trabajar con el cuerpo docente y el personal de la escuela católica de la parroquia de distintas maneras. Puedes realizar una importante contribución ayudando a que los maestros (que no dan clases de religión) piensen en maneras de integrar y reforzar la identidad católica en su materia en particular. A continuación tienes 10 de estas maneras:

1. Comienza tu clase cada día con un saludo ritual, como "Este es el día que actuó el Señor / ¡Vamos a festejarlo y celebrarlo!".
2. Finaliza tu clase cada día con una oración católica tradicional, como el Memorare, la Oración al Espíritu Santo, el Padrenuestro, un Avemaría, la oración de san Francisco o la Salve Regina.
3. Canta un estribillo o un himno con tus estudiantes para comenzar la clase. Por ejemplo, los maestros de ciencias podrían considerar himnos que alaben a Dios por la creación, como "Canto de las criaturas" de san Francisco de Asís.
4. Decora tu aula con citas de santos relacionadas con tu área de estudio. Por ejemplo, un maestro de arte puede pegar esta cita atribuida a san Francisco de Asís: "El que trabaja con sus manos, su cabeza y su corazón es un artista".
5. En tu aula, cuelga cuadros de santos y figuras católicas relacionados con tu área de estudio. Por ejemplo, puedes incluir los siguientes católicos científicos: san Alberto Magno, santa Hildegarda de Bingen, Gregor Mendel y el Papa Francisco (era químico antes de ordenarse sacerdote). Los siguientes santos y beatos fueron artistas: El beato Fra Angélico y santa Catalina de Bolonia. San Huberto era matemático. La beata Marie-Elisabeth Pélissier y santa Cecilia eran músicas.
6. Reza una novena (nueve días) con tus estudiantes como preparación para un examen, un proyecto importante o hasta un evento atlético importante.
7. Todos los días, pide a un estudiante distinto que diga el nombre de un ser querido fallecido y recen por él y por todos los miembros de la Comunión de los Santos.
8. Busca temas del Catecismo de la Iglesia Católica que sean pertinentes a la materia que están estudiando (eventos históricos, literatura, etcétera).
9. Haz un retiro de 3 minutos (visita www.loyolapress.com/3-minutos-de-retiro-oracion-diaria-online) con tu clase antes de seguir con tu materia.
10. Invita a los estudiantes a compartir con devoción un saludo de paz al salir del aula.

(Adaptado de *Catechist's Journey* [El viaje del catequista]: www.catechistsjourney.com).

Todo el pueblo de Dios: catequesis eficaz en una Iglesia diversa — Capítulo 10

Reza para encontrar maneras de construir puentes entre los niños/las familias de la escuela y los niños/las familias del programa de educación religiosa de la parroquia, entre maestros y catequistas, y, por supuesto, entre el director de la escuela y tú.

Visita www.loyolapress.com/lce para acceder a la hoja de ejercicios.

Acción sugerida

Sin duda tu diócesis tiene una oficina para escuelas/educación católicas que coordina todos los esfuerzos para asegurar que las escuelas cumplan con el criterio que las hace singularmente católicas. Asegúrate de fijarte en el sitio web de tu oficina diocesana para familiarizarte con las políticas escolares y los lineamientos curriculares en las áreas de enseñanza religiosa/formación en la fe. Además, explora la identidad única de tu escuela parroquial: su santo patrón y/o el carisma de la orden religiosa que la haya fundado. Evita llegar con tus propias nociones preconcebidas; más bien, básate en el legado de la escuela y en su misión e identidad.

Recursos adicionales

En español

Alburquerque, Eugenio y Astorgano Ruiz, Ángel: *Pastoral en la escuela católica*. Madrid: CCS Editorial, 2012.

Conferencia de Obispos Católicos de los Estados Unidos: Educación Católica, http://www.usccb.org/beliefs-and-teachings/how-we-teach/catholic-education/index.cfm.

Giordano Cabra, Pier: *Las Bienaventuranzas del educador*. Madrid: CCS Editorial, 2014.

Riu Rovira de Villar, Francesc: *Nueva evangelización en la escuela católica*. Madrid: CCS Editorial, 2012.

En inglés

At the Heart of the Church: Selected Documents of Catholic Education [En el corazón de la Iglesia: Selección de documentos sobre la educación católica]. Ronald Nuzzi, ed. (Notre Dame, IN: Alliance for Catholic Education Press, 2012).

Architects of Catholic Culture: Designing and Building Catholic Culture in Catholic Schools [Los arquitectos de la cultura católica: diseñar y crear una cultura católica en las escuelas católicas]. Timothy J. Cook (Washington, DC: National Catholic Education Association, 2001).

The Case for Catholic Education: Why Parents, Teachers, and Politicians Should Reclaim the Principles of Catholic Pedagogy [La defensa de la educación católica: Por qué los padres, maestros y políticos deben reclamar los principios de la pedagogía católica]. Ryan N. S. Topping (Kettering, OH: Angelico Press, 2015).

Catholic Ministry Formation Directory [Directorio de formación del ministerio católico]. (Washington, DC: Center for Applied Research in the Apostolate, 2015).

The National Catholic Education Association [Asociación Nacional para la Educación Católica]. (NCEA, www.ncea.org).

Acerca de la autora

Donna Toliver Grimes vive en Washington, D.C. Es subdirectora para asuntos afroamericanos en la Secretaría para la Diversidad Cultural de la Iglesia de la Conferencia de Obispos Católicos de los Estados Unidos (USCCB). Anteriormente sirvió en la misma organización divulgando la enseñanza social de la Iglesia en parroquias, diócesis, grupos de educación y en otras organizaciones católicas. Es miembro activo del comité directivo del grupo *Christian Churches Together*, habiendo también servido como consejera nacional de *Pax Christi USA*.

Donna Grimes es experta catequista, líder catequética parroquial, educadora y defensora de la justicia social que ha servido en diversas juntas directivas y comités a nivel parroquial, diocesano y nacional. Es licenciada en Educación por la Universidad de Virgina y se describe como alguien que está siempre aprendiendo.

Donna Grimes es autora de un libro de reflexiones de Adviento con *Pax Christi USA*, contribuyó de forma regular para *Halleluia People*, y ha escrito artículos para NCCL y *Network Connection*. Es Cursillista y madre de tres hijos ya adultos. Pertenece a la parroquia de Santa Teresa de Ávila.

La serie El líder catequético eficaz

Ya sea que estés iniciando tu labor como líder catequético o que lleves sirviendo por muchos años, la serie **El líder catequético eficaz** te ayudará a usar cada aspecto de este ministerio para proclamar el Evangelio e invitar a las personas al discipulado.

Llamados por nuestro nombre:
Prepararse para la vocación de líder catequético

Liderazgo catequético:
Cómo deber ser, cómo debe organizarse
y a quién debe servir

Formar discípulos de Cristo:
Cómo entender la relación fundamental
entre la catequesis y la evangelización

Cultivar catequistas:
Cómo reclutar, alentar y conservar
a catequistas exitosos

Excelencia en el ministerio:
Las mejores prácticas para un liderazgo
catequético exitoso

Todo el pueblo de Dios:
Catequesis eficaz en una Iglesia diversa

Cada libro de la serie **El líder catequético eficaz** está disponible al precio de $13.95, o la serie completa por $65.00.

Para hacer sus pedidos:
llame al **800.621.1008** o visite **loyolapress.com/LCE**

App LCE

Todo lo que necesitas para ser un líder catequético eficaz

La aplicación LCE pone teoría y práctica al alcance de tu mano. Partiendo directamente de los seis libros de la serie **El líder catequético eficaz,** la aplicación LCE brinda a los líderes catequéticos la oportunidad diaria de centrarse espiritualmente, enfocarse en asuntos pastorales específicos e identificar estrategias prácticas para asumir los desafíos de servir como líder catequético eficaz.

Características:

- Más de 40 reflexiones guiadas que se ajustan a tus necesidades individuales en el ministerio pastoral.
- Conveniente y accesible en cualquier lugar usando tu teléfono o tableta.
- Diseño moderno, interfaz fácil de usar y una fuente de calma en medio de la atareada agenda del líder catequético.

Para obtener más información y descargar la aplicación, visita **www.loyolapress.com/LCE**